日本仏教史研究叢書

日本の古代社会と僧尼

堅田理

法藏館

日本の古代社会と僧尼＊目次

装幀　山崎　登

日本の古代社会と僧尼

序　章

一　本書の課題

本書は、古代社会における僧尼の存在形態を地域社会の視角から捉えることを目的とする。地域社会と仏教との関わりを論ずるうえで、近年の古代仏教史研究において注目すべきは、僧尼令の秩序にとらわれない、僧尼による自由な活動があったことを明らかにする成果がみられることである。

鈴木景二氏は、官大寺の僧が地方への広域な交通を行っており、彼らが在地の法会で活躍し、在地の僧との師弟関係や在地の人々との多様な交流を実現していたことを、『日本霊異記』や『東大寺諷誦文稿』を素材として具体的に明らかにした(1)。従来、仏教史と村落史とは、地方寺院や、在地の「堂」などを対象として研究の接点をもつものであったが、具体的な人の交通のレベルで仏教史と村落史との接点を提供した点に意義があったと思う。また、吉田一彦氏は、律令において禁断の対象とされている私度僧について、実際は摘発されることなく、多くは容認され、自由な活動を展開していたことを論じている(2)。

このような研究は、僧尼令にもとづく、寺院に寂居して学問や修道に勤しむ僧尼像や、あるいは国家による官度制に矛盾する私度が厳禁されていたという社会像に対してのアンチテーゼとしての意味をもっている。しかし、これらの研究に共通することは、その僧尼の自由な活動や交流を、古代社会において通時的な性質のものとして捉えている点にあると考える。そこには彼ら私度を含めた僧尼の存在形態が、王権を中心とする古代国家権力とどのような関係性においてみられるものなのか、また、律令国家の展開過程のなかで、その関係性はどのように変化し、それが地域社会にとってどのような意味をもったのかといった点への分析の視角が欠如しているといえる。その点の分析がなければ、彼らの活動が地域社会においてもった歴史的な意味が明らかにならないのではないかと考えるからである。

一方、古代史研究における律令国家成立以降の社会の歴史的展開についての見解で重視されているものに、吉田孝氏の論考がある(3)。吉田孝氏は、七世紀前後の国際的交通のなかで、日本の古代貴族は律令国家を形成することによって「古代国家」を先取りしたとし、日本の律令国家は未開な原生的共同体をその基盤に残したまま、その上に中国の古代文明に倣った支配機構を構築するという二重の構造をもっていたとする。その未開と文明の交流が本格的に始まるのが天平時代であり、その交流のなかで一つの安定的なレジームを生み出したのが平安前期であったと捉え、その時代に日本の「古典文化」が形成されたと論じた。「古典文化」とは、民族の国制や文化の原型として大きな影響を後世に及ぼし、のちの時代から何らかの規範意識をもってみられたものという意味で使われている。この吉田氏の見解は、国制史のレベルにおける古代社会の理解と受け取ることができる。

また、中世史研究の立場から、九世紀の位置づけを王土王民思想の成立というテーマで行ったものに村井章介氏の研究がある[4]。村井氏は、九世紀以降の王土思想は、日本の支配層が「王土」を現実には閉じた空間としての「国土」にすぎないことを初めて対自的に意識化した内容をもつものであり、その歴史的背景を対新羅にみられる対外関係の変化に求め、そこに中世以降の日本の支配層の世界観の枠組みが成立したことを論じた。

両者ともに、九世紀を、中世以降の世界観の枠組みが成立する段階として重視するものであるが、その歴史的な背景は、国制史のレベルや、対外関係の視点だけでは捉えきれないものではなかろうか。地域社会、すなわち民衆の生活空間に対する視点にこだわる筆者の立場からすれば、国制史のレベルにおける理解には、少なからず違和感をもつ。九世紀における支配層の世界観の成立の問題を、古代社会の歴史的展開の視点からあらためて捉え直していく必要があるのではないかと考える。

以上のような問題関心と視角にもとづいて、本書では、律令国家による僧俗をめぐる支配と地域社会の問題をつなぐものとして「社会編成」のあり方に注目する方法をとる。浮浪人の問題は、律令公民制の矛盾の展開として多くの研究が蓄積されてきている[5]が、それは俗人の交通に対する規制の問題として捉えることができる。一方、出家者の交通や活動に対してはどのような国家的な対応がとられていたのか、そして、古代国家による社会編成全体からみてどのように位置づけられていたのかというレベルで議論してみたい。そして、僧俗にわたる社会編成の変化が、地域社会にとってどのような歴史的な意味をもっていたのかという問題を考え、それを前提に、地域社会における仏教の浸透の問題を具体的に捉えていきたいと考えている。また、その分析を前提に、九世紀における支配層の世界観である王土王民思想の成立について、八世紀以降の思想的展開の問題として位置づけ直すことができればと考えている。

古代史において地域社会に視点を据えて考えようとする場合、そこには、在地首長制論の提起以来、それを批判的に継承した村落首長制にいたる理論的な問題が存在することは周知のことであり、陰に陽に、古代の地域社会に関わる歴史叙述の背景となっているものと思われるが、本書においては、それらの議論を前提とした叙述は行っていない。田中禎昭氏は、古代村落史に関する研究史を整理したうえで、在地社会の首長的秩序を論理的に措定し、そのなかに村落の位置を探るのではなく、人間の生活に根ざした基底的な部分での集団的諸関係・諸秩序を把握し、それを積み重ねることにより各段階での共同体・首長の位置を模索すべきであるとの提言を行っている。理論的な枠組みの妥当性は、具体的な社会の実態的なあり方によって検証されるべき問題であり、本書の内容はその具体例の一つの素材となればと思っている。

(6)

(7)

二　本書の構成

本書の構成は、以下の通りである。

第一章では、律令国家の成立にともなう僧尼支配のあり方を検討する。そこでの論点は、律令制以前の僧尼の存在形態と、律令支配とのギャップや矛盾の存在に注目することである。その矛盾が神亀年間以降の天皇による出家枠の大量賜与という形で埋められていったところに、八世紀前半の仏教史の特徴を見出そうとするものである。

第二章では、天平期以降の浮浪人政策にみられる俗人に対する社会編成と、僧尼に対する政策が構造的に関連したものであり、僧尼の交通の保障は、天皇より与えられる恩恵としての意味をもっていたことを論じる。また『日本霊異記』における景戒の時代観を検討することで、天皇により大量出家枠が与えられた事態が、どのように受けとめられていたのかという問題を検討し、また地域社会における私度を含めた僧尼の交流の実態を捉えようと試みた。

第三章では、延暦期以降にみられる新たな浪人身分のあり方と、僧尼に対する政策が、偽籍を前提とした社会編成が創出されることで構造的に関連していることを論じる。僧尼に対しては、その段階で、僧尼令の規範に逸脱する存在を、畿内からそして寺や法会から排除していく社会編成がとられることで、僧尼令の規範から逸脱した者が社会的に存在を認められることになり、それが地域社会の生活様式に規定されつつ、仏教が本格的に地域社会に浸透していく前提になったと論じる。

第二・三章は、古代の人々の多様な交通を前提とした、律令国家による権力的な社会編成のなかにおける、僧尼の社会的な位置づけの歴史的特徴を把握しようとする一連の内容をもつものである。また、第一・二・三章においては、僧尼の実態的なあり方を捉える素材として、いずれも『日本霊異記』を用いる手法をとった。

第四章では、地域社会への仏教の浸透の具体相について検討を試みるものである。八世紀中葉の神仏習合のあり方を示す多度神宮寺の事例の検討、さらに、北陸の東大寺領関係の史料を素材として、神祇の秩序にもとづいた開発のあり方を検討し、そのような開発の場に、どのように仏教施設が展開するにいたるかを、上荒屋遺跡および横江庄遺跡の事例を素材として検討する。

第五章では、第一章から第四章までの検討をふまえ、思想の歴史的な展開のあり方を、王土王民思想を素材として考えようとするものである。九世紀における王土王民思想成立の史的前提として、七世紀後半から八世紀にかけての天命思想と仏教との関係についての検討を行う。また災異の認識についての素材として病に対する対処法の問題を取り上げ、八世紀から九世紀にかけての変化とその歴史的背景の把握につとめ、そのうえで、九世紀における王土王民思想の成立について論じる。

本書は、上記のような構成のもとに、日本古代の僧尼の存在形態を地域社会の視点から捉えようとするものである。その大部分は、書き下ろす形になったが、既発表のものを加筆訂正のうえ収めた部分もあるので、以下に、各章の初出年次を示すこととする。

序　章　新稿

第一章　新稿

第二章「八世紀における僧尼の交通と地域社会」（『南都佛教』八〇号、二〇〇一年）をもとに、大幅に加筆・訂正を行った。

第三章「平安初期の浪人支配と僧尼」（藤井一二編『古代の地域社会と交流』岩田書院、二〇〇五年）をもとに、仏教史の叙述を中心とするように、削除・加筆を行った。

第四章　新稿、ただし第二節「古代北陸庄園における神祇祭祀」は、「日本古代村落についての一試論」（吉田晶編『日本古代の国家と村落』塙書房、一九九八年）の第二章に加筆・訂正を行ったものである。

第五章　新稿
終　章　新稿

註

（1）鈴木景二「都鄙間交通と在地秩序――奈良・平安初期の仏教を素材として――」（『日本史研究』三七九号、一九九四年）。
（2）吉田一彦「古代の私度僧について」（同『日本古代社会と仏教』吉川弘文館、一九九五年）。
（3）吉田孝「律令国家の諸段階」（同『律令国家と古代の社会』岩波書店、一九八三年）。
（4）村井章介「王土王民思想と九世紀の転換」（『思想』八四七号、一九九五年）。
（5）研究史については、加藤友康「浮浪と逃亡」（日本村落史講座編集委員会編『日本村落史講座第四巻　政治1』雄山閣出版、一九九一年）に整理されている。そこでは、従来の研究視角を、①浮浪・逃亡の発生要因や律令国家の支配に対して有した意義について、当該期の人民の国家に対する抵抗という視点からの考察、②律令国家の逃亡・逃亡政策の変遷についての検討、③現存計帳の逃亡注記のもつ意味についての考察、④中世社会の形成を考える視点から「富豪浪人」に注目し、律令制や古代社会を克服する主体として浮浪・逃亡を積極的に評価しようとする研究、という四点に整理している。
（6）在地首長制は、石母田正『日本の古代国家』（岩波書店、一九七一年）によって提起された。それを批判的に継承したものとしては、吉田晶『日本古代村落史序説』（塙書房、一九八〇年）、大町健『日本古代の国家と在地首長制』（校倉書房、一九八六年）、石上英一『律令国家と社会構造』（名著刊行会、一九九六年）などがある。また親族組織論にもとづいた首長制論を提起したものとして吉田孝『律令国家と古代の社会』（岩波書店、一九八三年）がある。これら石母田氏の在地首長制論の提起以来展開してきた首長制をめぐる議論については、今津勝紀「首長制論の再検討」（『歴史評論』六二六号、二〇〇二年）が整理を試みている。
（7）田中禎昭「古代村落史研究の方法的課題」（『歴史評論』五三八号、一九九五年）。

第一章　律令国家の成立と僧尼

はじめに

日本古代の僧尼を考えるうえで、私度僧の位置づけは重要なテーマの一つである。それは古代の国家と仏教、および僧尼の関係を考える一つの素材となる。従来、私度僧は反律令的な存在で、政府によって厳しく取り締まられ、弾圧を受けるべき存在と考えられてきていた[1]。しかし、一方では、私度に対する寛容さのほうに歴史的な特質を見出すべきとの見解がみられる[2]。近年では、吉田一彦氏が、八〜九世紀にかけての私度僧容認を示す記事を整理し、また『日本霊異記』の説話を検討したうえで、私度僧は、私度禁断の法制が存在したにもかかわらず、多くは容認されていたことを論じ、その理由を、法上の身分を云々する以前に、その宗教に対する畏れと尊敬とが存していたことに求めている[3]。

これまでの議論は、私度僧が弾圧されていたのか、それとも容認されていたのかという、二項対立のうえに問題が設定され、どちらが実態かという形のものであった。実態としては、後者が実態に近いのであろうが、本章では、私度が生み出されてくる社会的な背景を考察することから始めたいと思う。そのうえで、その私度に対する対処方法の変化の相を見出し、そこに日本古代社会の特質を見定めていくという方法をとりたいと思う。

第一節　律令国家による僧尼の管理

まず、律令国家成立過程における、国家による出家者の把握のあり方と、得度および受戒に対する国家の関与のあり方について検討したい。

『日本書紀』大化四年（六四八）二月己未条には、

阿倍大臣、請二四衆於四天王寺一、迎二仏像四軀一、使レ坐二于塔内一。造二霊鷲山像一。累二積鼓一為レ之。

とみえ、四衆が四天王寺に請ぜられて、仏像四軀が塔内に安置されている。ここで請ぜられた対象は、四衆とされている。この段階での受戒の内容は明確ではないものの、四衆とは、具足戒を受けた比丘、比丘尼と、在家の仏教信者で五戒を受けた優婆塞、優婆夷を指す言葉である。

そこで、『日本霊異記』上―三縁の道場法師の説話を取り上げてみたい。

然うして後に小子元興寺の童子と作る。時に其の寺の鍾堂の童子、夜別に死ぬ。彼の童子見て、衆の僧に白して言さく「我れ此の鬼を捉りて殺し、謹めて此の死の災を止めむ」とまうす。衆の僧聴許す。（中略）然うして後に其の童子優婆塞に作り、なほ元興寺に住む。其の寺に田を作り水を引く。諸の王等妨げて水を入れたまはず。田焼くる時に、優婆塞言はく「吾れ田に水を引かむ」といふ。衆の僧聴す。故に十余人して荷つべき鋤柄を作り、すなはち持つ。優婆塞彼の鋤柄を持ちて杖に撞きて往き、水門の口に立てて居る。諸の王等鋤柄を引き棄てたまひて、水門の口を塞ぎて寺の田に入れたまはず。優婆塞また百余人して引く石を取り、水門を塞ぎ、寺の田に入る。王等優婆塞の力を恐りて終に犯したまはず。故に寺の田渇れずして能く得たり。故に寺の衆の僧、聴して得度出家せしめ、名けて道場法師と号ふ。(4)（後略）

上―三縁は、敏達天皇の御世にかけられた説話であるが、ここには、元興寺に、童子、優婆塞、そして出家者としての衆僧がいることが描かれている。また、寺での出来事は、衆僧の許可にもとづいていること。そして、優婆塞の出家得度に関しても衆僧の許可にもとづいて行われている様子が描かれており、説話のなかには出家における国家の関与に関する言及はない。いわば衆僧による自律的な寺の運営の様子を描いているものといえる。また、ここでも四衆を基本として描かれており、沙弥・沙弥尼に関する記述はみえていない。

『日本書紀』推古天皇三十二年（六二四）九月丙子条に、

校寺及僧尼、具録其寺所造之縁、亦僧尼入道之縁、及度之年月日也。当是時、有寺四十六所、僧八百十六人、尼五百六十九人、幷一千三百八十五人。

とみえるが、ここでも、把握の対象となる出家者は、僧尼のみであり、四衆を前提とした記述内容として捉えることができる。その場合、国家が出家者を把握するための内容は、入道の縁と度の年月日との二項目となっており、具足戒の受戒の有無などは問題とせず、出家者と俗人との間の一線だけが問題とされているといえる。おそらく、国家側は、臨時に出家者の枠を与えることがあるのみで、それ以外のことは、衆僧によって寺院内部の秩序にもとづいて運営されていたと想定することができる。

その後、『日本書紀』天武天皇九年（六八〇）十月乙巳条になると、

恤京内諸寺貧乏僧尼及百姓而賑給之。一毎僧尼、各絁四匹・綿四屯・布六端。沙弥及白衣、各絁二匹・綿二屯・布四端。

とみえ、施しの対象として、僧尼および沙弥がみえてくる。沙弥・沙弥尼とは、十戒を受けて出家した、具足戒を受ける以前の未成年男女の出家者である。このような僧尼身分の一つとしての「沙弥」の登場の背景に、国家による出家者に対する管理のあり方の変化が存在したと考えられないであろうか。

その点に関わるものとして、『日本書紀』天武天皇六年八月乙巳条に注目したい。

大設斎飛鳥寺、以読一切経。便天皇御寺南門、而礼三宝。是時、詔親王諸王及群卿、毎人賜出家一人。其出家者、不問男女長幼、皆随願度之。因以会于大斎。

ここでは、飛鳥寺での一切経読誦にあたり、天皇が南門に御して三宝を礼し、親王・諸王・群卿に出家者を賜うとともに、その出家者は「男女長幼を問わず、皆願に随いて度せしむ」と記されている。ここでは、従来の出家枠の賜与にとどまらず、また沙弥戒の年齢にもこだわらないあり方で、天皇が個々人の出家得度を許可する主体として立ち現れたことに歴史的な意義があると考える[5]。

さらに、『日本書紀』朱鳥元年（六八六）六月甲申条では、

遣伊勢王及官人等於飛鳥寺、勅衆僧曰、近者、朕身不和。願、頼三宝之威、以身体欲得安和。是以、僧正僧都及衆僧、応誓願。則奉珍宝於三宝。是日、三綱律師、及四寺和上・知事、幷現有師位僧等、施御衣御被各一具。

とあり、天武の病にあたり、僧正僧都および衆僧による誓願がなされるとともに、三綱律師および四

寺和上、知事、師位僧等に衣被が施されている。ここにみられる四寺和上の四寺とは、大官大寺・飛鳥寺・川原寺・薬師寺と想定され[(6)]、また和上とは、受戒の師を意味する言葉である。すなわち、この時期には、四寺において授戒がなされ、比丘・比丘尼となるようなシステムが整えられていた可能性があるといえる[(7)]。それは、従来の各寺院内部における秩序に従った受戒のあり方からすれば、特定の寺院に受戒の場と戒師を国家的に認めるという形で、受戒にも一定の国家的な関与がなされるにいたったことを意味するものといえよう。それと、右にみた「沙弥」身分の初見とは、対応した事態なのではないだろうか。

さらに、右の点を、得度関連記事を検討することにより追及していきたい。得度に関わる記事を『日本書紀』『続日本紀』および正倉院文書等から取り上げたものが、**表1**である。**表1**の1〜3をみると、俗人が出家することを表現する言葉として「出家」あるいは「度」が使用されていることがわかる。2の推古天皇二十二年には「大臣の為に男女幷て一千人出家す」とあり、3の天智天皇四年(六六五)には「間人大后の為に、三百三十人を度す」とある。この場合には、四衆が前提となっており、「出家」と「度」とは同じ意味で使われており、ともに、天皇の意思による出家枠の賜与としての内実をもったものと考えられる。それが4の天武天皇六年の記事において、天皇が、出家枠の賜与のみならず、得度の許可の主体として立ち現れてきたことについては前述した。

さて、5の天武天皇九年の記事以降、記述の様式が変化をみせる。『日本書紀』における記述を整理すれば、「○○人、於大官大寺出家」(7)、「(浄行者)○○人出家」(8・10)、「度浄行者○○人」(15)というパターンと、「度○○僧」(5・6・9・11・12)、「度沙門○○口」(14)というパターンとがみられるようになる。これは、出家および受戒に対する国家の干渉を前提として記述がなされるようになったことが背景となっているものと思われる。俗人が出家して沙弥・沙弥尼となり、具足戒を受戒して比丘・比丘尼となるのであるが、前者の記述パターンは、俗人が出家して沙弥・沙弥尼となる、いわゆる出家の段階を表現するものと考えることができる。それに対し、後者の記述パターンは、沙弥・沙弥尼から比丘・比丘尼となる段階のことを表現するものと考えられるのではないだろうか。特定の寺院に受戒の場と戒師を国家的に認めることを背景に、受戒者の枠を天皇が与える体制がとられるにいたり、それが「〇〇僧を度す」として表現された。七衆の身分を前提とした場合、国家にとってみれば、出家得度も、受戒もともに天皇の意思にもとづいて身分を「度」すことに違いなく、「度」という語は、出家という意味と、受戒し僧となる両方の段階を指示する意味において、『日本書紀』では使用されたものと考える(8)。

天武朝以前には、天皇によって出家者が施されることはあったが、個々人の出家自体は、各々の寺の衆僧による許可にもとづいて行われ、その後の受戒についても、各寺院内部において自律的に行われていた。また、国家による出家者集団の把握は、四衆を前提としたものであった。そのうえで、以下の点を天武朝の特徴として挙げることができる。

第一に、天皇による出家枠の賜与にとどまらず、天皇が唯一の出家得度の許可の主体となり、また、受戒の場や戒師を国家が管理する体制がめざされ、それにともない沙弥・沙弥尼を含めた、いわゆる七衆を前提とした把握体制に移行したこと。そして、出家の段階、受戒の段階の人数枠を、国家が与える形で管理する方式が採られるにいたったこと。それにより、出家者集団を階梯的秩序のもとに身

表1

	年月日	記事	出典
1	崇峻天皇三年（五九〇）条	是歳、度尼、大伴狭手彦連女善徳、大伴狛夫人、新羅媛善妙、百済媛妙光、又漢人善聡、善通、妙徳、法定照、善智聡、善智恵、善光等。鞍部司馬達等子多須奈、同時出家。名曰徳斉法師。	『書紀』
2	推古天皇二十二年（六一四）八月条	大臣臥病。為大臣而男女幷一千人出家。	『書紀』
3	天智天皇四年（六六五）三月癸卯条	為間人大后、度三百三十人。	『書紀』
4	天武天皇六年（六七七）八月乙巳条	大設斎飛鳥寺、以読一切経。便天皇御寺南門、而礼三宝。是時、詔親王諸王及群卿、毎人賜出家一人。其出家者、不問男女長幼、皆随願度之。因以会于大斎。	『書紀』
5	天武天皇九年（六八〇）十一月癸未条	皇后体不予。則為皇后誓願之、初興薬師寺。仍度一百僧。由是、得安平。是日、赦罪。	『書紀』
6	天武天皇九年（六八〇）十一月丁酉条	天皇病之。因以度一百僧。俄而愈之。	『書紀』
7	天武天皇十一年（六八二）八月庚寅条	百四十余人、出家於大官大寺。	『書紀』
8	天武天皇十二年（六八三）是夏条	是夏、始請僧尼、安居于宮中。因簡浄行者三十人出家。	『書紀』
9	朱鳥元年（六八六）三月丙午条	大弁官直大参羽田真人八国病。為之度僧三人。	『書紀』
10	朱鳥元年（六八六）七月丙寅条	選浄行者七十人、以出家。乃設斎於宮中御窟院。	『書紀』
11	朱鳥元年（六八六）八月己巳条	為天皇、度八十僧。	『書紀』
12	朱鳥元年（六八六）八月庚午条	度僧尼幷一百。因以、坐百菩薩於宮中、読観世音経二百巻。	『書紀』

13	持統天皇三年(六八九)正月丙辰条	務大肆陸奥国優嶋曇郡城養蝦夷脂利古男、麻呂与鉄折、請剔鬢髪為沙門。詔曰、麻呂等、少而閑雅寡欲。遂至於此、蔬食持戒。可随所請、出家修道。	『書紀』
14	持統天皇八年(六九四)八月戊辰条	為皇女飛鳥、度沙門一百四口。	『書紀』
15	持統天皇十年(六九六)十二月己巳条	勅旨、縁読金光明経、毎年十二月晦日、度浄行者一十人。	『書紀』
16	文武天皇四年(七〇〇)八月乙丑条	勅僧通徳、恵俊並還俗。代度各一人。(後略)	『続紀』
17	大宝元年(七〇一)三月壬辰条	令僧弁紀還俗。代度一人。(後略)	『続紀』
18	大宝元年(七〇一)八月壬寅条	勅僧恵耀、信成、東楼。並還俗復本姓。代度各一人。(後略)	『続紀』
19	大宝二年(七〇二)十二月乙巳条	太上天皇不予。大赦天下。度一百人出家。令四畿内講金光明経。	『続紀』
20	大宝三年(七〇三)三月辛未条	詔四大寺読大般若経。度一百人。	『続紀』
21	養老四年(七二〇)三月癸亥条	勅度三百廿人出家。	『続紀』
22	養老四年(七二〇)八月辛巳条	右大臣正二位藤原朝臣不比等病。賜度三十人。(後略)	『続紀』
23	養老五年(七二一)五月壬子条	詔曰。太上天皇。聖体不予。寝膳日損。毎至此念。心肝如裂。思帰依三宝。欲令平復。宜簡取浄行男女一百人。入道修道。経年堪為師者。雖非度色。並聴得度。以糸九千絇。施六郡門徒。勧励後学。流伝万祀。	『続紀』
24	養老五年(七二一)五月戊午条	右大弁従四位上笠朝臣麻呂。請奉為太上天皇出家入道。勅許之。	『続紀』
25	養老五年(七二一)五月乙丑条	正三位県犬養橘宿禰三千代。縁入道辞食封資人。優詔不聴。	『続紀』
26	神亀二年(七二五)九月壬寅条	詔曰。朕聞。古先哲王。君臨寰宇。順両儀以亭毒。叶四序而斉成。陰陽和而風雨節。災害除以休徴臻。(中略)教命不明。至誠	『続紀』

		無感。天示星異。地顕動震。仰惟。災眚責深在予。(中略)宜令所司。三千人出家入道。并左右京及大倭国部内諸寺。始今月廿三日一七日転経。憑此冥福。冀除災異焉。	
27	神亀三年(七二六)六月丁卯条	奉為太上天皇。度僧廿八人尼二人等。	『続紀』
28	神亀三年(七二六)七月甲午条	度僧十五人。尼七人。	『続紀』
29	天平三年(七三一)八月癸未条	詔曰。比年随逐行基法師。優婆塞優婆夷等。如法修行者。男年六十一已上。女年五十五以上。咸聴入道。自余持鉢行路者。仰所由司厳加捉搦。其有遇父母夫喪。期年以内修行。勿論。	『続紀』
30	天平八年(七三六)七月辛卯条	詔曰。比来。太上天皇寝膳不安。朕甚惻隠。思欲平復。宜奉為度一百人。都下四大寺七日行道。(後略)	『続紀』
31	天平九年(七三七)八月丙辰条	為天下太平。国土安寧。於宮中一十五処。請僧七百人。令転大般若経。最勝王経。度四百人。四畿内七道諸国五百七十八人。	『続紀』
32	天平十三年(七四一)閏三月甲戌条	奉八幡神宮秘錦冠一頭。金字最勝王経。法華経各一部。度者十人。封戸。馬五疋。又令造三重塔一区。賽宿禱也。	『続紀』
33	天平十三年(七四一)十月癸巳条	賀世山東河造橋。始自七月。至今月乃成。召畿内及諸国優婆塞等役之。随成令得度。惣七百五十人。	『続紀』
34	天平十三年(七四一)十二月十四日	於国宮中七七三人例得度。	『内証仏法相承血脈譜』
35	天平十六年(七四四)十二月丙申条	度一百人。此夜於金鍾寺及朱雀路。燃灯一万杯。	『続紀』
36	天平十七年(七四五)九月癸酉条	天皇不予。(中略)又令京師畿内諸寺及諸名山浄処行薬師悔過之法。奉幣祈禱賀茂松尾等神社。令諸国所有鷹鵜並以放去。度三千八百人出家。	『続紀』

37	天平十九年（七四七）正月十四日	難波宮中臣陸千伍伯陸拾参人例得度／師主元興寺／天平十九年正月十四日	『大日古』九―三三七
38	天平二十年（七四八）四月二十八日	奉天平廿年四月廿八日勅、於奈良宮中中嶋院／伍伯拾人例得度〈沙弥五百／沙弥尼十〉／師主元興寺僧□興	『大日古』一〇―二六六
39	天平二十年（七四八）十二月甲寅条	遣使鎮祭佐保山陵。度僧尼各一千。	『続紀』
40	天平勝宝元年（七四九）二月丁酉条	大僧正行基和尚遷化。（中略）豊桜彦天皇甚敬重焉。詔授大僧正之位。幷施四百人出家。（後略）	『続紀』
41	天平勝宝元年（七四九）閏五月壬寅条	於宮中度一千人。	『続紀』
42	天平勝宝四年（七五二）正月己丑条	是日。度僧九百五十人。尼五十人。為太上天皇不悆也。	『続紀』
43	天平勝宝六年（七五四）七月丙午条	詔曰。頃者大皇大后枕席不安。（中略）此日度僧一百人。尼七人。	『続紀』
44	天平宝字元年（七五七）正月庚戌条	勅。度八百人出家。	『続紀』
45	天平宝字二年（七五八）八月庚子条	（前後略）天下諸国隠於山林清行逸（近）士十年已上。皆令得度。	『続紀』
46	宝亀三年（七七二）八月丙寅条	遣従五位下三方王。外従五位下土師宿禰和麻呂。及六位已下三人。改葬廃帝於淡路。乃屈当界衆僧六十口。設斎行道。又度当処年少稍有浄行者二人。常廬墓側。令修功徳。	『続紀』
47	宝亀九年（七七八）三月庚午条	又為皇太子。令度三十人出家。	『続紀』
48	延暦九年（七九〇）閏三月丙子条	有勅。度二百人出家。	『続紀』

分的に天皇が支配する体制がめざされたものと考えることができる。

第二に、記述パターンの変化が確認できるようになる天武天皇九年の前年の『日本書紀』天武天皇八年十月庚申条には「勅制下僧尼等威儀及法服之色、并馬従者往二来巷閭一之状上」とみえ、同月是月条に「勅曰、凡諸僧尼者、常住二寺内一、以護二三宝一。然或及レ老、或患レ病、其永臥二狭房一、久苦二老疾一者、進止不レ便、浄地亦穢。是以、自レ今以後、各就二親族及篤信者一、而立二一二舎屋于間処一、老者養レ身、病者服レ薬。」とみられるように、僧尼の身分序列に関する制や、僧尼は寺内に常住するべきとする、のちの僧尼令の前提となる施策が出されていることである。僧尼令における僧尼の管理の志向と密接に関連するものとして、得度、受戒の管理が存在したといえる。

第三に、天武天皇の死に際する殯宮儀礼において、諸僧尼による発哀が度々行われ、天武朝以降、追善も仏教的に行われるようになった背景には、右のような天皇と僧尼との身分的な関係の成立があったと考えることができることである。[9]

さらに続いて、**表1**の『続日本紀』の記述のあり方に注目してみると、「度○○人」(16・17・18・20・22・30・31・32・35・41)というパターンと、「度僧○○人、尼○○人」(27・28・39・42・43)というパターンとが存在し、前者は、俗人が出家して沙弥・沙弥尼となる段階を表現し、後者は沙弥・沙弥尼が受戒して比丘・比丘尼となる受戒段階を表現するものと捉えることができる。「出家入道」(24・26)、「入道修道」(23)、「入道」(29)、「得度」(23・33)という表現や、『内証仏法相承血脈譜』の行表の項や正倉院文書にみえる「例得度」(34・37・38)という表現も同様に俗人が出家して沙弥・沙弥尼となる段階を指示するものであると考えることができる。さて、そのほかに、「度○○人出家」という表記パターンが存在する。これについて、従来は、「○○人を度し出家せしむ」と読み、出家得度を意味するものとして理解されてきている。[10]しかし、上記の理解を前提とすれば「○○人の出家を度す」と読み、僧尼それぞれの人数を明記しない場合の、受戒段階を表現するものとして捉えることが可能なのではないかと思う。

国家が受戒に対して一定の管理をなしていたことは、天平十四年（七四二）十二月から始まる「納櫃本経検定幷出入帳」の第八櫃本経検定注文の、天平十五年と推定される条に[11]、

擬僧試所出智度論百巻　瑜伽論廿巻「四月一日納了」「赤万呂」

と、「擬僧試所」がみえ、智度論や瑜伽論が貸し出されていることが確認できる。堀池春峰氏は、この擬僧試所について、「僧に擬す」という点よりみて沙弥・沙弥尼が僧尼にいたる前の関門であったと想定しているが[12]、妥当な見解であると思う。天皇が人数枠を与えるとともに、そこでは受戒の前提として、一定の学解のレベルが求められ、それを国家が管理していたと想定することができよう。

また天平二年十二月二十日「大倭国正税帳」の添上郡の項には[13]、

依十二月九日太政官符、請受戒寺仏聖僧幷僧三軀供養料四束四把、布施布三端、一段直七十束

とみえ、太政官符にもとづいて受戒に携わった僧への供養ならびに布施が充てられていることが確認できる。受戒に対する国家の管理の一端が表れているといえるだろう。

以上のように捉えたうえで、**表1**をみてみると、神亀二年（七二五）の三千人の出家記事以降、天平宝字二年（七五八）頃まで、大量の出家得度が行われていることを確認することができる。それに対し、受戒段階を示すと考えた「○○人の出家を度す」という記事は、天平十七年の「三千八百人の出家を度す」という記事以降、大量にその数が与えられたことがみてとれ、両者に時期的なズレが存

在することがわかる。

天平五年以降現実化する戒師招請の動向は、神亀年間以降の大量出家の蓄積を前提として捉えるべきものではないかと考える。大量受戒枠の賜与は、天平十七年以降の聖武天皇の病に際して行われている傾向がみられるが、戒師招請の願いは、天平勝宝六年（七五四）の鑑真の入京によって果たされることになる。

しかし、このような大量の出家および受戒者の賜与は、天平宝字年間以降には次第に確認できなくなるのである。右のような大量出家の社会的背景については第三節で検討することとし、次節においては、『日本霊異記』を素材に、律令制以前の僧尼のあり様についてみてみることにしたい。

第二節　律令制以前の僧尼

律令国家による僧尼支配の史的前提となる僧尼および修行者、および寺の状況は、具体的にどのように捉えることができるであろうか。ここでは、『日本霊異記』上巻の説話群に描かれた僧尼、沙弥、優婆塞などのあり方を分析するという手法をとりたい。『日本霊異記』上巻は、天平期以前にかけられる説話によって構成されているが、そこには、律令制支配の史的前提となる僧尼の活動の様子が含み込まれていると思うからである。また同時に、僧尼と地域社会との関係に注目する視角によって内容を検討したいと思う。

上―三縁の道場法師の説話に、四衆を前提とした、寺の衆僧による自律的な運営のあり様が描かれ

ていることについては、前節で述べた。衆僧と優婆塞との関係は、師弟関係としても描かれる。上―四縁には、

（前略）藹法師の弟子円勢師は、百済国の師なり。日本国の大倭国葛木の高宮寺に住む。時に一の法師有りて北の坊に住む。名けて願覚と号ふ。其の師常に明旦に出でて里に行き、夕に来りて坊に入りて居る。以ちて常の業とす。時に円勢師の弟子の優婆塞、見て師に白す。師答へて言はく「言ふことなかれ。黙然せよ」といふ。優婆塞窃に坊の壁を穿ちて窺へば、其の室の内に光を放ち照り炫く。優婆塞見て、また師に白す。師答へて言はく「然有るが故に我れ汝を言ふことなかれと諫めたり」といふ。然うして後に願覚忽然に命終る。時に円勢師、弟子の優婆塞に告げて言はく「葬り焼き収めよ」といふ。すなはち師の告を奉りて焼き収め訖りぬ。然うして後に其の優婆塞、近江に住む。時に江に有る人言はく「是に願覚師有り」といふ。すなはち優婆塞往きて見れば実に願覚師なり。優婆塞に逢ひて談りて言はく「比頃謁らずして、恋ひ思ふこと間無し。起居安くありやいなや」といふ。当に知るべし、是れ聖の反化なることを。五辛を食むことは、仏の法の中に制む。而れども聖人用食むときは罪を得る所無し。

とある。大倭国高宮寺における話が展開する。ここでは、第一に、師僧（円勢）に師事する形で優婆塞が描かれていること。第二に、優婆塞は、北の坊に住む願覚が「常に明旦に出でて里に行き、夕に来りて坊に入りて居る」を常の業とするのを見て、師に告げていること。すなわち、僧の日常的な里への出入りが好ましくない行為として捉えられていること。第三に、この優婆塞は、後に近江に住むとされており、広域の移動をともなう活動を行っていることに注目しておきたい。

さて、ここで問題を、僧や優婆塞などをはじめとする宗教者が、どのような活動範囲をもち、また村落とどのような関係をもつものとして描かれているのかという点に注目して、『日本霊異記』上巻をみていきたい。

まず、僧についてであるが、彼らは、広域の移動をともなう活動を行う存在として描かれている(14)。上—七縁は、三谷寺の造立を語るものであるが、そこでは、百済に軍を率いて渡った備後国三谷郡の大領の先祖によって請ぜられた百済の禅師弘済が、ともなわれて倭国へ渡り、尊像を造るために京に上り、金・丹等の物を買い、その帰りに賊に遭うという話の設定になっている。在地豪族によって百済から請ぜられ、また買い物のためとはいえ、備後から京への往復をするという、広域の移動を行っている。また、彼は「後に海の辺に住みて往き来る人を化ふ」と述べられている。

上—十一縁では、播磨国飾磨郡の濃於寺に、京の元興寺の沙門慈応大徳が、檀越に請ぜられて夏安居の間法華経の講説を行ったという場の設定になっている。ここでは、僧が法会に請ぜられるに際して広域の移動をともなう存在として描かれている。

僧は個々人の家にも請ぜられた。上—八縁では、重病になり両耳が聞こえなくなり、悪瘡に悩まされた衣縫伴造義通が「地を掬き堂を飾り、義禅師を屈請へ、まづ其の身を潔めて香水に澡浴みて、方広経に依」ったところ病が癒えたとする。また、上—十縁では、

大和国添上郡山村中里に、在昔椋家長公といふひと有り。十二月に当り、方広経に依りて先の罪を懺いむと欲ひて、使人に告げて云はく「一の禅師を請ふべし」といふ。其の使人問ひて曰はく「何れの寺の師をか請へむ」といふ。答へて曰はく「其の寺を択ばず、遇ふに随ひて請へよ」と

いふ。其の使願に随ひて路行く一の僧を請得て家に帰る。家主心を住めて供養す。（後略）

とあり、富める人の家の方広経悔過に請ぜられる僧の姿が描かれている。ここでは、「一の禅師を請ふべし」と命ぜられた使人が「何れの寺の師をか請へむ」との問いを発していることにみえるように、特定の寺に所属する僧を、寺に詣でて請じる関係が一般的であったことがうかがえる。この説話の場合は、それに反して「路行く一の僧」を請じたことから話が展開していくことになるのである。

特定の寺に所属する僧を、寺に詣でて請じる関係が一般的であったことは、上―十五縁からもうかがうことができる。一の愚人が、乞食する僧を迫害しようとしたところが、呪縛され、その子が「父の縛を解かむとして、すなはち僧房に詣りて禅師を勧請」し、観音品初段を誦しおえたところで呪縛が解かれたという。僧房に詣でて禅師を勧請する様子がみてとれる。

以上、法会に請ぜられる僧、あるいは乞食する僧のあり方がみられたが、それ以外に僧が地域と関わる場面はみられないだろうか。それにあたるものに、上―十二縁にみられる道登による宇治橋の架橋がある。上―十二縁には、

高麗の学生道登は、元興寺の沙門なり。山背の恵満の家より出づ。而往大化二年丙午に宇治椅を営りて往き来りし時に、髑髏奈良山の渓に在りて、人と畜とに履まる。法師悲びて従者万侶をして木の上に置かしむ。同じき年の十二月の晦の夕に迄りて、人寺の門に来りて白さく「道登大徳の従者万侶といふ者に遇はむ」とまうす。万侶出でて遇ふ。其の人語りて曰はく「大徳の慈の顧を蒙りて、平安なる慶を得たり。然うして今夜にあらずは恩を報いむに由無し」といふ。すなはち万侶を将て其の家に至り、閉ぢたる屋よりして屋の裏に入る。多く飲食を設く。其の中に己が

分の饌を以ちて万侶と共に食ふ。（後略）

とある。ここでは、従者万侶の存在に注目したい。彼は、元興寺僧の道登の従者であり、俗人である。そして元興寺に住んでいる。彼は、人畜に踏まれていた髑髏を道登の指示に従って木の上に置いたのだが、その霊が道登の恩に報いるために、従者万侶を家に迎え、死者に対して供えられていた飲食を与えたという。

他の説話では、僧に仕える存在としては童子や優婆塞がみえるのに対し、ここでは従者万侶という俗人の形で表現されている。それ故、彼は俗人の家で夜に飲食の供給を受けても戒律上問題のない存在なのである。そのような従者が道登という人物にあてられて語られている背景には、やはり道登の架橋事業に対する認識が存在したと考えられる。架橋事業は、知識を率引することによってなされたであろう。それは、僧と俗とが結びつく一つの局面である。そのような事業をなした道登に俗人の従者がみえることは、俗人が従者という形で道登という僧と結びつき、その俗人を介して在地の人々と知識を結ぶことが可能であったことを示しているものと思われる。この時期の知識結が、架橋事業という、いわば共同体内ではなく共同体間の交通に関わる施設を対象としていることも、いま一つの注意点であるが、そこでの僧と地域との交流は、僧が直接地域のなかに入っていくのではなく、僧に従い寺に住む俗人の従者たちと地域との交流によって可能であったという関係がみえてくる。上―七縁で三谷寺の造立に関わった禅師弘済が、のちに海辺に住み往来する人々を教化したとみえている背景にも、直接地域のなかに入り込まず、それ故に共同体間の交通の場で教化を行う当時の僧のあり方があったと考えられる。

　ここまでは、僧の活動の範囲や村落との関係に注目してみてきたが、僧のもう一つの重要な側面として山林修行者としての存在形態がある。上―二十六縁は、「戒を持つ比丘浄き行を修ひて現の奇しき験力を得る縁」と題し、持統天皇の代に、百済の禅師多羅が、高市郡の法器山寺に常住して浄行を修し、看病に優れ病者を呪するごとに奇異なることがあったとされる。また上―二十八縁では、役優婆塞の説話が語られる。役小角は「所以に晩年四十余歳を以ちて、また巌窟に居て葛を被松を餌ひ、清水の泉に沐みて欲界の垢を濯ぎ、孔雀の呪法を修習ひて証に奇異しき験術を得。鬼神を駆使ひて自在を得、諸の鬼神を唱して、催して曰はく「大倭国の金峯と葛木峯とに、椅を度して通はむ」といふ。是に神等みな愁ふ」と述べられるように、道教にもとづく活動の色彩が濃いが、彼が「優婆塞」と表現されていることは、優婆塞の存在形態として山林修行の側面が強く意識されていたことを意味する。上―三十一縁において、粟田朝臣の女が病を得た際に、「粟田卿使を八方に遣りて禅師優婆塞を問求めしめ」、吉野山で修行していた御手代東人を請じて呪護せしめたという話も、山林修行による験力をもつ存在としての、僧（禅師）・優婆塞に対する認識を示すものといえる。

　以上、『日本霊異記』の上巻にみえる僧の活動や存在形態についてみてきたが、そこで確認できたことは、第一に、僧やその弟子の優婆塞は、法会や看病などに際し、寺や家に請ぜられて広域の移動を行う場合がみられるが、日常的に村落に出入りすることに対しては好ましくないとする規範が存在したこと。これは、僧の保持すべき戒律との関係が想定でき、それ故に僧や優婆塞は、山林修行によ る験力をもつ存在としても意識されたのであろう。第二に、僧は、知識架橋などの事業を行う際にも、自身が直接村落内に踏み入って知識を募るという行為を行ったとは考えられず、俗人の従者を媒介として地域との交流が図られていたと考えられること。第三に、それ故僧が直接はたらきかける対象は、地域にあっては、共同体間の交通の場であったとみられることである。

さて、次に『日本霊異記』上巻における「沙弥」「沙弥尼」の描かれ方についてみてみたい。沙弥・沙弥尼が登場する説話は、上―十九縁、二十七縁、三十五縁である。上―十九縁は、

昔山背国に一の自度有り。姓名詳ならず。常に碁を作つことを宗とす。沙弥白衣と倶に碁を作つ時に、乞ふ者来りて法花経の品を読みて物を乞ふ。沙弥聞きて軽り咲ひ呰りて、故に己が口を㖞らしめて音を誂りて効び読む。

とし、その結果、自度の口が歪んで戻らないという悪報がもたらされたとするものである。

また、上―二十七縁は、

石川沙弥は、自度にして名無し。其の俗姓もまた詳ならず。号けて石川沙弥と名ふ所以は、其の婦の河内国石川郡の人なるを以ちてなり。其れ容を沙弥に仮るといへども、心を賊盗に繋く。或るは詐りて塔を造ると称ひて人の財物を乞斂め、退りて其の婦と雑の物を置きて噉ふ。或るは摂津国嶋下郡の春米寺に住み、塔の柱を析焼く。法を汚し人を誂ること、斯の甚しきに過ぎたるはなし。

とあり、その結果、地獄の火によって身を焼かれ、死にいたるという悪報を受けることになったとするものである。以上の二つの説話では、いずれも自度すなわち官の許可を得ずに私的に出家した存在を指す言葉として「沙弥」が使用されており、どちらも妄語や偸盗などの破戒行為を行ったすえに悪報を受ける存在であることで共通する。また、上―三十五縁は練行の沙弥尼に関するものである。

河内国若江郡遊宜村の中に、練行の沙弥尼有り。其の姓名詳ならず。平群山寺に住む。知識を率引て、四恩の奉為に像を敬画き、其の中に六道を図く。供養の後に其の寺に安置き、因縁の事を暫東西に示す。時に其の尊き像人に盗まれ、悲び泣きて求むれども終に得ず。更に知識を締び、生を放たむと念ひ、其の難破に行きて市肆を徘徊る。

とし、市において盗まれた仏像が発見されるというように話は展開する。ここで注目したいのは、沙弥・沙弥尼と表現されるものの活動が、村落を舞台としていることで共通していることである。上―十九縁で、白衣（俗人）と碁を打っている自度沙弥の場合は、その場に乞者が来ていることから、俗人の家での出来事であることが想定できる。また、上―二十七縁の場合は、造塔のために「人の財物を乞斂め」ており、地域内で知識を率引する主体として描かれている。それは、上―三十五縁にも共通し、練行の沙弥尼は、河内国若江郡遊宜村を拠点とし、知識を率引して、六道図を描き平群山寺に安置しており、また知識を結って放生を行うために難波の市に赴いている。

上巻における沙弥、沙弥尼は、自度も含みつつ、寺と村落とを直接結びつける存在として描かれていることで共通しているといえる。このような沙弥・沙弥尼という存在は、地域社会と仏教との関係を考えるうえで、従来にない重要な存在であると思われるが、次節において、沙弥・沙弥尼と律令国家による僧尼支配との関係、すなわち私度との関係について考察してみたい。

第三節　律令国家の僧尼支配と私度

これまでの検討を前提にして、本節では、八世紀前半から中葉にかけてみられる大量出家の背景について考えてみたい。第一節で検討したように、天武朝以前は、四衆を前提とし、天皇によって出家者が施されることはあったが、個々人の出家自体は各寺院の衆僧による許可にもとづいて行われ、その後の受戒についても、各寺院内部において自律的に行われていた。そして、天武天皇六年（六七七）以後、沙弥・沙弥尼を加えた七衆を前提とする僧尼管理体制が敷かれていき、天皇が出家得度の許可の主体となり、また、受戒の場や戒師を国家が管理する体制がめざされた。これ以後、沙弥戒としての十戒を保持するとともに、僧形をとる正式な沙弥身分が登場したことになる。

国家側からの意図としては、優婆塞と比丘との間に沙弥という出家者の段階を認め、それを階梯的秩序によって把握すること、およびそうした出家者（沙弥・沙弥尼、比丘・比丘尼）の枠を天皇より賜与することにより、王権との身分的な関係に支えられた僧尼集団を創出することにあったと考えられる。そして、沙弥・沙弥尼の場合は、天皇からの出家枠を与えられることを前提に、師僧から沙弥戒（十戒）が授けられるものであった。

以上のような僧尼に対する国家による支配は、僧尼籍および公験制を通じて具現化されていく。僧尼籍は、雑令造僧尼籍条に、

凡僧尼。京国官司。毎六年造籍三通。各顕出家年月。夏臈及徳業。依レ式印之。一通留職国。

以外申二送太政官一。一通送二中務一。一通送二治部一。所レ須調度。並令下寺准二人数一出上物。

と規定されるものであり、僧尼ごとに、出家年月と夏臈および徳業が記されている歴名形式のものであったと思われる。一通が諸国・京職に保管され、二通が太政官に送付されて、一通は中務省に、一通は治部省に送られる。戸籍に記載されている人物が、出家することを認められ、諸国や京職による勘籍の作業を経て身元が確認されたのち戸籍から除かれ、僧尼籍へと移されたものと想定することができる。

戸籍と僧尼籍との作成年次の関係からいえば、僧尼籍が作成されたはじめは大宝元年（七〇一）とされているので、僧尼籍が作成され、僧尼身分の確定が行われた翌年に俗人の戸籍が作成されるというシステムであった⑮。

また、『続日本紀』養老四年（七二〇）正月丁巳条に「始授二僧尼公験一」とみえるように、公験によって僧尼が管理される体制がつくられていく。養老四年の公験制の内容は、『令集解』僧尼令任僧綱条の令釈に、

養老四年二月四日格。問。大学明法博士越知直広江等。答。凡僧尼給二公験一。其数有レ三。初度給一。受戒給二。師位給三。毎レ給収レ旧。仍注二毀字一。但律師以上者。毎二遷任一有二告牒一。不レ在二収レ旧之例一也。

とみえる。これによれば、公験には、出家に関わる度縁（初度給）、具足戒の受戒にともなう戒牒（受戒給）、僧位に関わる師位給の三段階の公験が設定され、次の段階へと進むごとに、前段階の公験は回収されて毀たれ、新たな公験が発給される仕組みであった。そして、公験には、前年の養老三年に

班賜された治部省印が捺された[16]。

天武朝以降の僧尼支配の方針のもと、上記のような僧尼籍や公験を通じて僧尼集団は国家の管理を受けていくことになる。本稿では、私度の問題の背景を、天武朝以前に存在していた出家者による寺院の自律的な運営のあり方と、天武朝以降の僧尼支配のあり方との矛盾やギャップの上に捉える視角をとりたいと思う。

四衆を前提とした段階では、比丘・比丘尼と優婆塞・優婆夷との間には、僧形と俗形という別とともに、戒律においても具足戒という大きな溝が存在した。しかし、沙弥・沙弥尼は、僧形でありつつも沙弥戒（十戒）の保持を条件とするものである。また、国家により公認された正式の沙弥・沙弥尼となるには、その枠は限定されたものであり、『続日本紀』養老元年五月丙辰条に、「詔曰。率土百姓。浮浪四方。忌避課役。遂仕王臣。或望資人。或求得度。王臣。不経本属。私自駈使。嘱請国郡。遂成其志。」とみえるように、王臣の嘱請にもとづくことが必要であるとの認識をもたらすような存在であった。そのような事態を背景として私的な出家者、すなわち私度が出現してきたのではないかと考える。

私度には、律令制にもとづく租税収奪に対する抵抗としての、アウトローも含んでいたと考えられるが、もう一つに、それまで自律的な運営を行ってきた衆僧たちのあり方を思い起こす時に、彼らが天皇から賜る出家枠にとらわれずに、弟子たちに対して、沙弥戒の授与を行った結果として生み出された存在であったと想定することができる。そして、彼らは、僧尼の立場からするかぎり、十戒を保持するかぎりにおいて、地域社会のなかにおける交流を自由に行える存在であった。前節で検討した

『日本霊異記』において、沙弥・沙弥尼が日常的に村落と交流し、知識率引の主体として語られる存在であったことは、この点に関連するものであり、沙弥戒を破る行為によって悪報を受ける存在として描かれていた。

また、地域社会において私度沙弥が生まれてくる背景の一つに、『日本霊異記』において描かれた、各地で行われる法会に請ぜられ広域な交通を行う僧尼の存在があり、そうした場を通じて師弟関係が結ばれ、沙弥戒が僧尼によって独自に授けられていったのではないかと考える。

彼らは、国家の側からみれば、むろん私度であった。私度が、律令において厳禁されていたことは、戸婚律逸文私入道条の「凡私入道及度之者。杖一百。已除レ貫者。徒一年。本国主司及僧綱知レ情者。与同罪。」という規定を含めて明らかである。そして、その姿勢は、行基弾圧の詔として有名な『続日本紀』養老元年四月壬辰条によく表れている。そこでは、（一）「頃者。百姓乖二違法律一。恣任二其情一。剪レ髪髡レ鬢。輙着二道服一。」とし、私度の禁止をうったえ、（二）「凡僧尼。寂二居寺家一。受レ教伝レ道。」との原則と、正規の乞食の原則を述べたうえで、小僧行基とその弟子等が「零二畳街衢一。妄説二罪福一。合二構朋党一。焚二剝指臂一。歴レ門仮説。強乞二余物一。詐称二聖道一。妖二惑百姓一。」として弾圧されている。また、（三）「僧尼輙向二病人之家一。詐禱二幻怪之情一。戻執二巫術一。逆占二吉凶一。恐二脅耄穉一。稍致レ有レ求。」という仏教からはずれる治病行為を禁止している。養老年間までは、天武朝以降の僧尼支配・管理の原則の徹底が追求されていたものと考えることができる。

このような国家による僧尼の把握支配と、僧尼社会の実情とのギャップは、政治的には公験制や僧尼籍など行政上の問題として現れてくる。『続日本紀』養老四年八月癸未条には、

詔。省治部奏。授公験僧尼多有濫吹。唯成学業者一十五人。宜授公験。自余停之。

とみえ、公験制の実施に際し、「僧尼の濫吹」が多いこと、すなわち、国家が遂行しようとする僧尼管理と現実とのギャップが問題となり、公験発給がそのままスムーズに進行できなかったことがうかがえる。また、『続日本紀』養老五年五月壬子条には、

詔曰。太上天皇聖体不予。寝膳日損。毎至此念。心肝如裂。思帰依三宝。欲令平復。宜簡取浄行男女一百人。入道修道。経年堪為師者。雖非度色。並聴得度。（後略）

とあり、元明太上天皇の病にあたって、百人の出家を施すとともに、「年を経て師たるに堪える者は、度色に非ずと雖も、並に得度を聴す」という措置がとられている。これは、先の公験制施行の困難さを前提に、師として堪える者に限定して、公験が与えられたことを示すのであろう。

そして、さらに『続日本紀』神亀元年十月丁亥朔条には、

治部省奏言。勘検京及諸国僧尼名籍。或入道元由。披陳不明。或名存綱帳。還落官籍。或形貌誌黶。既不相当。惣一千一百廿二人。准量格式。合給公験。不知処分。伏聴天裁。詔報曰。白鳳以来、朱雀以前。年代玄遠。尋問難明。亦所司記注。多有粗略。一定見名。仍給公験。

とみえる。治部省が京および諸国の僧尼名籍を勘検する場合に、名前が「綱帳」にはみえるが、「官籍」に落ちている場合があると述べられている。ここにいう「官籍」とは僧尼籍のことであるが、僧尼籍にはみえない名が「綱帳」にはみえるという。「綱帳」とは各寺院より提出される僧尼名簿が集成されたものと考えられるが、その「綱帳」によって把握されている僧尼のなかに、鐲符を得て戸籍

から除かれていない者が存在することを意味する。ここでは、白鳳以来朱雀以前という、七世紀後半の時期にはシステムが整っていなかったということを理由に、それら帳簿上の把握に齟齬をきたしている人々に公験を与えるという措置がとられた。この帳簿上の把握に齟齬をきたした人のなかに、先に指摘した国家側からみる私度も含まれていたのではないだろうか。そして、聖武天皇の治世となった神亀元年に、そのような私度を正式な沙弥の身分へと包摂していくという政策的な転換が行われるにいたったと考えることができる。翌年の神亀二年以降、大量出家が行われるようになる前提は、ここに整ったのである。

『令集解』僧尼令出家条の「其私度人縦有経業、不在度限。」という文言に対する義解の解釈が「其れ初め法制を犯すを責む故に其の度を聴さず。若し改正するの後、更に応に得度すべきは、禁限に在らざるなり。」とし、跡説や朱説も「白衣と成り訖る後、官度を受くは、禁限に在らず。」と同様の解釈をしている背景には、上記のような私度を官度の世界へと包摂していく体制転換のあり方と適合的なものであるといえる。

それは、天皇が与える出家枠というそれまでの方法を維持することで、天皇の恩恵によって律令制による僧尼支配と現実の僧尼社会とのギャップが埋められていくところに特徴があった。第一節で検討した、神亀二年以後に顕著な傾向として現れる大量出家のあり方は、天皇の出家枠賜与という方法が、常に必要とされるものであったことを示すものであると考えることができる。このような天皇の恩恵によって出家者集団が包摂されていく体制は、それまで禁遏の対象とされていた沙弥の地域社会における活動をも容認するものとして作用した。『日本霊異記』上—三十五縁の練行の沙弥尼の知識率引にみえる活動の描かれ方にそのことが表現されている。また、養老年間に弾圧されていた行基は、逆に聖武によって登用されていくことになり、時代の象徴的な存在となりえたのであろうし、聖武が「一枝の草一把の土」をもってする知識の先頭にたって盧舎那仏を造立する(17)という天平期のパフォーマンスも構想されることが可能となったものと思う。

『続日本紀』天平六年（七三四）十一月戊寅条にみられる、

太政官奏。仏教流伝。必在僧尼。度人才行。実簡所司。比来出家。不審学業。多由嘱請。甚乖法意。自今以後。不論道俗。所挙度人。唯取闇誦法花経一部。或最勝王経一部。兼解礼仏。浄行三年以上者。令得度者。学問弥長。嘱請自休。其取僧尼児。詐作男女。得出家者。准法科罪。所司知而不正者。与同罪。得度者還俗。奏可之。

という、出家人の得度基準設定についても、上記したような神亀年間以降の大量出家枠の天皇による賜与という事態のなかで、出家者の一定の質を確保するために出されたものと捉えることができるものと思う。従来、この太政官奏については、一定の基準を満足させる者には、何人にも得度の資格を与えたものであり、民間の優婆塞・優婆夷、さらに私度僧尼たちにもすべて大僧への門戸を開放したものと捉えられている(18)が、私は、その前提として神亀年間以来の体制の変化の問題を重視したいのである。

おわりに

本章での検討をまとめれば、次のようになる。

第一に、天武朝以前においては、天皇による出家枠が与えられることはあっても、それがすべてではなく、僧尼の生産に関しては、基本的に僧尼による自律的な運営がなされていたと考えられること。

第二に、天武朝にいたって、天皇が唯一の出家得度の許可の主体となるとともに、受戒の場や戒師を国家が管理する体制がめざされた。それにともない沙弥・沙弥尼を含めたいわゆる七衆を前提とした把握体制に移行するとともに、出家者集団を天皇が身分的に支配することがめざされ、それが僧尼令における僧尼の管理体制の直接的な前提となったこと。

第三に、『日本霊異記』の説話を参考にすると、寺院と村落や地域とを結びつける存在として、沙弥・沙弥尼が重要な位置を与えられていること。僧尼（比丘・比丘尼）は、広域な交通をともないつつ、各地の寺や家に請ぜられることはあっても、村落のなかに直接的に入り込むことはなく、沙弥・沙弥尼の出現以前には、僧尼に仕える俗人を通じて村落や地域との交流が実現していたと考えられること。

第四に、律令制にもとづく支配が実現していく過程で、それ以前の僧尼による寺院の自律的な運営と、僧尼令にもとづく僧尼支配とのあいだでの矛盾が、私度という形で現れてきたこと。そして、その矛盾が、神亀年間以降の聖武天皇の治世において、大量の出家得度人枠の賜与という形で、すなわち天皇の恩恵を通じて埋められていったということである。

さて、その後天平勝宝年間には、公験のあり方に変化がみられる。『日本後紀』弘仁四年（八一三）二月丙戌条には、

治部省言。承前之例。僧尼出家之時。授之度縁。受戒之日。重給公験。拠勘灼然。真偽易レ弁。勝宝以来。受戒之日。毀度縁停公験。只授十師戒牒。此之為レ験。於レ事有レ疑。如不改張。恐致奸偽。伏望不レ毀度縁。永為公験者。許之。（後略）

とみえる。従来、得度および受戒の際に、それぞれ国家から公験を給されていたのに対し、天平勝宝以来、受戒に際して度縁を毀ち、十師戒牒のみによって僧尼の身分の証しとされる状態になり、それが弘仁年間まで続いたことがわかる。この変化をもたらしたのは、鑑真の来日により、唐の制にもとづく三師七証による授戒が行われることが可能になったことにあるのであろう。「自レ今以後、授レ戒伝レ律、一任和上。」[19]というように、以後鑑真に授戒伝律の権限が一任されることになった。また、彼は天平勝宝八歳（七五六）に大僧都に任じられ、三年間その任にあった。[20]東アジアに共通する授戒が可能となることによって、国家による身分保障としての公験は不必要となり、僧尼による秩序にもとづいて、比丘・比丘尼身分が保障されることになったものと考えることができる。仏教における国際的規範が、天皇による身分保障を超えたところに、その歴史的な意義を求めることができると思う。

一方で、天皇による出家枠と受戒枠の賜与自体は継続しているのも事実である。**表1**にみえるように、天平勝宝六年七月の藤原宮子の病に対する「度僧一百人、尼七人。」、天平宝字元年（七五七）正月の「度八百人出家。」、同二年八月の「天下諸国隠於山林清行近士十年已上。皆令得度。」にみられるように、出家および受戒枠の天皇による賜与は継続して行われている。このような自律的な僧尼による寺院運営とは矛盾する、天皇による出家および受戒枠の賜与との並存を、日本古代の特徴として捉えることができる。

僧尼集団の自律的運営の方向性は、道鏡政権の出現によって、その政治的特殊状況下において、出家得度の際の度縁に従来の治部省印に代わり「道鏡印」を捺すという形で、出家者の身分保証を法王としての道鏡が行うというように展開していくが、それは道鏡政権の崩壊とともに崩れることになる。(21)

以後、律令制国家のもとにおける僧尼のあり方は、天皇による出家・受戒枠の賜与という恩恵に規定されつつ、そのなかから、僧尼による集団の自律的運営が立ち現れてくるという方向性において展開していくものと考えることができるが、天平宝字年間以降には、天皇等の病気や卒去を機縁とする大量得度は、時としては行われるものの、その規模は天平期のものには到底及ばないとともに、特定の個人に対する少数の賜度がみられはじめ、承和の頃から法会に出勤した僧に対する褒賞的な賜度が臨時得度の大部分を占めるようになる。(22)

光仁・桓武朝以降、神亀年間以降に特徴的にみられた大量出家枠賜与という形で天皇の恩恵によって僧尼の世界が包摂されるという体制は、変化したものと想定できる。その問題については、律令国家による社会編成全体の変化の問題と関連して、第三章において検討することとしたい。

註

（1）井上光貞「仏教と律令」（同『日本古代思想史の研究』岩波書店、一九八二年）。
（2）佐久間竜「官僧について」（同『日本古代僧伝の研究』吉川弘文館、一九八三年）、中井真孝「僧尼令における犯罪と刑罰」「奈良時代の得度制度」（同『日本古代仏教制度史の研究』、法藏館、一九九一年）。
（3）吉田一彦「古代の私度僧について」（同『日本古代社会と仏教』吉川弘文館、一九九五年）。
（4）『日本霊異記』の引用は、新日本古典文学大系『日本霊異記』（岩波書店、一九九六年）による。

(5) 僧尼生産の権限が天皇のみにあったことを重視したものに、本郷真紹「律令国家仏教の成立と展開」（同『律令国家仏教の研究』法藏館、二〇〇五年）がある。
(6) 日本古典文学大系『日本書紀』下（岩波書店、一九六五年）頭注。
(7) 橋本政良「『書紀』時代仏教における出家者の創出――得度・受戒制の原始的形成過程」（『史学研究』二三三号、二〇〇一年）。
(8) 「度」が仏教用語として受戒を意味することは、森章司「『日本書紀』にみる僧尼の戒律」（森章司編『戒律の世界』溪水社、一九九三年）。
(9) 和田萃「飛鳥・奈良時代の喪葬儀礼」（同『日本古代の儀礼と祭祀・信仰』上、塙書房、一九九五年）。
(10) 新訂増補国史大系『続日本紀』、新日本古典文学大系『続日本紀』。
(11) 『大日本古文書』二四―一八八頁。
(12) 堀池春峰「優婆塞貢進と出家人試所」（同『南都佛教史の研究』上、法藏館、一九八〇年）。
(13) 『大日本古文書』一―四一一頁。
(14) 法会などに請ぜられて広域の移動を行う僧の実態については、鈴木景二「都鄙間交通と在地秩序――奈良・平安初期の仏教を素材として――」（『日本史研究』三七九号、一九九四年）。
(15) 僧尼籍が大宝元年に作成されはじめたことは、『続日本紀』宝亀十年八月庚申条に「治部省奏曰。大宝元年以降。僧尼雖レ有二本籍一。未レ知二存亡一。」とみえることによる。また戸籍は、美濃国戸籍等にみられるように、大宝二年が造籍年となっており、僧尼籍作成の翌年に戸籍が作成されるのが当初の原則であったと考えることができる。
(16) 『続日本紀』養老三年十二月乙酉条には、「充二式部・治部・民部・兵部・刑部・大蔵・宮内・春宮印各一面一。」とあり、『続日本紀』宝亀二年正月辛未条には、「自二天平神護元年一以来。僧尼度縁。一切用二道鏡印一々之。至レ是。復用二治部省印一。」とみえる。
(17) 『続日本紀』天平十五年十月辛巳条。
(18) 佐久間竜、註(2)前掲論文。

(19)「唐大和上東征伝」。
(20)『続日本紀』天平勝宝八歳五月丁丑条、『続日本紀』天平宝字二年八月庚子条。
(21)『続日本紀』宝亀二年正月辛未条。
(22)本郷真紹、註(5)前掲論文。

第二章　八世紀における僧尼の交通と地域社会

はじめに

八世紀における人々の交通は、浮浪・逃亡として問題化されることが多く、公民制にもとづく支配を基本とする律令制支配の矛盾の展開として、様々な角度からの研究が蓄積されている[1]。一方、仏教の分野に眼を転じてみれば、官大寺の僧が地方への広域な交通を行っており、在地の法会で活躍し、在地の僧との子弟関係や在地の人々との交流が実現していたこと[2]、また、私度僧の自由な活動が地域社会においてみられたことなど[3]が、近年指摘されてきている。

さて、右のような俗人の交通と僧尼の交通とは、八世紀における律令制支配のもと、どのような関係にあったのであろうか。律令国家はそれぞれの交通をいかに位置づけ、どのような社会体制を築き上げようとしたのか。さらにそれは、当時の地域社会にとってどのような歴史的意味をもっていたのか。本章では、浮浪人に対する政策と、僧尼に対する政策の関係を追究し、さらに『日本霊異記』の説話を検討することで、右の国家による社会編成のあり方と地域社会の実態との関係の問題に迫りたいと思う。

第一節　浮浪人政策と民間修行者

1　分析の手法

律令国家は、人が出家得度して沙弥・沙弥尼となり、やがて受戒して僧尼になることを、国家的に管理し、官の許可を得た者のみの得度および受戒を認めた。それを官度僧とよぶならば、地域社会には、それ以外に優婆塞・優婆夷（在俗の仏教信者）と私度沙弥・沙弥尼との存在が想定できる。このうち、私度とは、官の許可なく私的に得度して僧尼になることを意味するが、それが律令において厳禁されていたことは、戸婚律逸文私入道私度条の「凡私入道及度之者。杖一百。已除レ貫者。徒一年。本国主司及僧綱知レ情者。与同罪。」という規定をはじめとして明らかである。(4)

ここでは、これら民間修行者に対する律令国家の対応の特徴を、当時の公民制維持の政策との関係を分析することにより見出す手法をとりたいと思う。律令制支配の基本は、籍帳にもとづく公民制支配にあると考えられるが、それを維持するための政策は、具体的には籍帳支配から逸脱する浮浪人（国の単位を越えて移動する俗人）に対するものとして現れる。(5)それと、民間修行者に対する対応とはどのような関係にあったのか。そのことは、律令国家が当時の社会において、仏教を担う人々をどのように位置づけようとしていたのかという問題を考えることにつながるものと思う。

以下、天平期以降、八世紀後半の時期に焦点をあてて考えてみたい。それは、両者に対する律令国家の方針が固まるのが、天平期であると考えられるからである。

2　浮浪人身分の成立と僧尼支配

八世紀における浮浪人対策は、浮浪人を所在地で編附するか、別簿で把握するかで、いくたびかの変遷をたどるが、天平八年（七三六）に籍帳とは別の名簿で把握される「浮浪人身分」が成立する。それは、

勅。養老五年四月廿七日格云。見二獲浮浪一。実得二本貫一。如有レ悔レ過欲レ帰者。逓二送本土一者。更煩二路次一。宜下随二其欲一レ帰与レ状発遣上。又云。自余無レ貫編二附当処一者。宜下停二編附一直録二名簿一全輸二調庸一当処苦使上。(6)

というものである。その内容は、他国へ移住した者で、本貫地に帰ることを望む者について、養老五年（七二一）格では逓送とされていたものを、状を与えて発遣することにしたこと。そして本貫地への帰還を望まない者については、養老五年格で当処の戸籍に編附するとしていたものを、編附を停め、籍帳とは違う名簿（浮浪人帳）に載せ、調庸を全出させるとともに所在地で苦使するという、懲罰的な身分として設定したものであった。(7)この公民と別枠の浮浪人身分規定は、宝亀十一年（七八〇）にいったん編附主義に変更されたものの、(8)延暦四年（七八五）には天平八年格の浮浪人身分把握に復帰し、(9)九世紀における浪人支配形成の史的前提となったものであった。

養老五年は、戸籍の造籍年であり、造籍に際して浮浪人に対する処置が定められたことは当然のこととしてうなずける。しかし、天平八年は、造籍年ではなく、前後の造籍年は、天平五年（七三三）と天平十二年（七四〇）であり、戸籍作成との関係で、この天平八年格を位置づけることはできない。

それ故、別の理由が考えられなければならないが、その理由として、翌天平九年が僧尼籍の造籍年にあたっていることと関連させて考えるべきではないかと思う。(10)

第一章で検討したように、神亀年間以降、天皇の恩恵によって出家枠が与えられるという形で、私度が官度の世界に包摂されていく体制がとられるにいたり、以後大量出家が行われるようになっていくが、それを前提に天平六年（七三四）には、官度の基準が設定された。『続日本紀』天平六年十一月戊寅条には、

太政官奏。仏教流伝。必在二僧尼一。度人才行。実簡二所司一。比来出家。不レ審二学業一。多由二嘱請一。甚乖二法意一。自レ今以後。不レ論二道俗一。所レ挙度人。唯取下闇二誦法花経一部。或最勝王経一部一。兼解二礼仏一。浄行三年以上者上。令レ得度一者。学問弥長。嘱請自休。其取二僧尼児一。詐二作男女一。得二出家一者。准レ法科レ罪。所司知而不レ正者。与同罪。得度者還俗。奏可之。

とあり、嘱請による官度を禁ずるため、法華経一部か最勝王経一部を暗誦し、礼仏を解する、浄行三年以上の者を得度させる方針を打ち出している。従来、一定の基準を満たす者には、優婆塞・優婆夷、私度僧尼を含めてすべて大僧への門戸を開放したものとして評価されてきている記事であるが、(11)この太政官奏の意味は、神亀年間以降の体制の変化を受けた大量出家枠の賜与の事態を前提に、官僧の質を確保するための基準が設定されたことにあり、ここに神亀年間以降の僧尼支配体制が制度的に完成したと考える。

天平八年格は、この僧尼支配体制にもとづいた僧尼籍が初めて作成される天平九年の前年に、そのような如法修行者以外の不法な交通を行う俗人を、新たに設けた「浮浪人身分」によって懲罰的な存

在として把握しようとしたものと考えることができる。当時の僧尼および優婆塞・優婆夷、私度沙弥・沙弥尼等は、『日本霊異記』の説話等にみられるように、多くが広範囲の移動をともなう活動を行っていた。律令国家は、多様な交通が展開する状況を前に、籍帳にもとづく公民制支配を逸脱する浮浪人に対する懲罰的な身分設定を行うことで俗人の交通の規制を行い、そのうえで、僧尼籍による官僧の身分確定が行われたのである。在俗の如法修行者の存在を、官度を与える形で社会的に認めていくことは、反面において、俗人の不法な交通に対する強い規制をもたらすものであったといえる。

3　王権により保護される僧尼の交通

天平八年格で規定された浮浪人の懲罰的身分内容が、国家によって強圧的に遂行されるにいたるのは天平宝字年間である。天平宝字二年（七五八）十月には陸奥国の浮浪人が桃生城の造営に苦使されるとともにそこに占着せしめられた[12]のをはじめとして、同三年九月には坂東八国と越前、能登、越後等四国の浮浪人が雄勝柵戸に強制移住させられている[13]。浮浪人身分の懲罰的な内容は、天平宝字年間にいたり、柵戸移配という形で表面化したのである。その背景には、天平十五年（七四三）に発布された墾田永年私財法[14]にもとづく土地支配の実現があったことについては、別稿において検討した[15]。

ここでの問題は、この浮浪人の柵戸移配に先立つ形で、得度に関する史料がみられることである。それは『続日本紀』天平宝字二年八月庚子条に、

（前後略）天下諸国隠於山林清行近士十年已上。皆令得度。

とあるものである。これは、諸国の山林で修行する近士（優婆塞）など民間修行者を得度させるものだが、その意義はこれ以降本格化する浮浪人の柵戸移配に先立ち、民間修行者を浮浪人から峻別し、保護することにあったと考えられる。そして『続日本紀』当該条は、百官・僧綱が孝謙太上天皇に対し尊号を贈る際に奉った上表文と、孝謙がそれに応えた詔によりなっている。右の民間修行者の得度許可の記述は、孝謙の詔のなかの言葉であり、その記述の直前は、恩赦の文になっており、直後は位階を授ける文が続いている。すなわち、浮浪人の柵戸移配にみられる懲罰的な処遇からの民間修行者の保護は、太上天皇の、ひいては王権から与えられる恩恵としての意味をもたされていたと考えられる。『日本霊異記』下巻―十四縁に、

越前国加賀郡に浮浪人の長有り。浮浪人を探りて雑の徭に駆使ひ、調と庸とを徴乞ふ。時に京戸小野朝臣庭麿といふひと有り。優婆塞と為り、常に千手の呪を誦持つことを業とす。彼の加賀郡の部内の山を展転りて修行ふ。神護景雲三年歳の己酉に次るとしの春三月の二十六日の午時に、其の長其の郡の部内の御馬河里に有りて、行者に遇ひて曰はく「汝は何れの国の人ぞ」といふ。答へていはく「我れは修行者なり。俗人にあらず」といふ。長瞋り嘖めて言はく「汝は浮浪人なり。何ぞ調を輸さざる」といひ、縛り打ちて、駆せ徭へば、（後略）[16]

とあるのは、右のことを背景にすると理解しやすい。優婆塞とは、在俗の仏教信者であり、見た目では俗人と異ならない。それ故、この説話のような場面が描かれることとなる。内容は、神護景雲三年（七六九）のこととして、浮浪人を摘発することを役目とする浮浪人の長が、他国から移動してきた優婆塞を「浮浪人」として捕らえ、調庸を徴るとともに「縛り打て駆せ徭」うという、懲罰的な行為

を行う姿が描かれている。これは、天平八年格で規定された浮浪人身分に対応する処遇であるといえよう。さらに注目すべきは、捕らえられた優婆塞が「我れは修行者なり。俗人にあらず」と抵抗していることである。この言葉の背景には、如法修行者に対する王権からの保護に対する認識が一般化していた状況があったものと考えられる。そして、説話は修行者を迫害した浮浪人の長が仏罰を受ける結末を描いている。これは、浮浪人に対する懲罰的処遇に先立ち、民間の如法修行者に対する王権の保護が存在するという、僧尼の認識さらには当時の時代認識がつくり出した説話であるといえよう。

その一方で、天平宝字三年には、私度を取り締まる次のような官符が出されている。(17)

乾政官符

禁二断私度僧一事

右元興寺教玄法師奏状称。窃惟私度僧者深乖二仏法一。更作二亡命一。伏請。頒二下天下一。勿レ住二国内一。彼此共検勒還二本色一者。奉レ勅。依レ奏。

天平宝字三年六月廿二日

この官符では、元興寺僧教玄の奏上にもとづき、諸国の私度僧を摘発し、本色に還すべきことが指示されている。「勿レ住二国内一」という表現に、当時、国を単位として摘発が行われた浮浪人策と共通する側面が見出される。しかし、この官符の実効性については、従来より疑問が出されている。(18) それは、『続日本紀』同日条に、

是日。百官及師位僧等。奉二去五月九日勅一。各上二封事一。以陳二得失一。(中略)並付二所司一施行。其緇侶意見。略拠二漢風一。施二於我俗一。事多不レ穏。雖レ下二官符一。不レ行二於世一。故不二具載一。

とあり、五月九日の勅により百官および師位僧に封事を求め、それに従っていくつかの施策を行ったが、僧侶の意見はおおよそ中国の風習によったもので、わが国の状況に合わないことが多く、官符を下して施行させたが実行されなかったので、それらについては『続日本紀』に収録しないとしている。そして、仏教関係のもので、『続日本紀』同日条に収められているのは、参議文屋智努と少僧都慈訓の意見として出された毎年正月の悔過に官の布施を給するのを停止することを命じたものだけとなっている。すなわち、『続日本紀』編纂時点では、前掲の私度僧摘発の官符は、施行されたものの実行されなかったものとみなされていることがわかる。私度を禁断することは理念的にはありえたものの、私度僧尼を行政機構を活用して摘発するというようなことは、実際には行われなかった。この時期、柵戸移配にみられるように浮浪人に対する懲罰的な措置がとられるが、律令国家は俗人の不法な移動を摘発することに主眼を置き、それが不法な修行者を摘発することにもつながると想定されていたのではないだろうか。その浮浪人摘発の強化と、修行者との緊張関係が、先にみた『日本霊異記』下―十四縁の説話の背景なのである。

4　八世紀末の僧俗の交通と偽籍の問題

宝亀年間にいたり浮浪人の問題は新たな局面を迎えることになる。それは従来、他国へ移動する存在として規定されていた「浮浪人」に対し、「部内浮宕」（国内移住）が問題化されるにいたったことである。それは偽籍をともなったことに最大の特徴があった。『三代格』宝亀十一年（七八〇）十月二十六日官符をみてみたい。

太政官符

応㆔京職畿内七道諸国括㆓部内浮宕百姓㆒事

右伊勢国司解称。①当土之民浮宕㆓部内㆒。差科之日徭夫数少。仍仰㆓諸郡㆒精加㆓検括㆒。或罔逃除㆑帳。或詐㆑死棄㆑名。被㆑駈㆓王臣之庄㆒。徒免㆓課役之務㆒。今加㆓訪捉㆒。多獲㆓隠首㆒。除㆑帳之人以為㆓立還㆒。詐㆑死之民以為㆓括出㆒。並悉編附㆓本籍㆒已訖。②但諂諛之徒詐冒㆓貫属㆒。尋勘㆓籍帳㆒既是不㆑合。雖㆑加㆓推詰㆒猶称㆓土民㆒。仍勒㆓歴名㆒具載㆓別巻㆒者。内大臣宣。奉㆑勅。今拠㆓解状㆒益㆑口将㆑千。所㆑輸調庸有㆑倍㆓常載㆒。国宰之委理合㆑如㆑此。諸国吏豈不㆑効哉。宜㆔特存㆑心検括一准㆓伊勢国司㆒。事是綸旨。勿㆑有㆓疎漏㆒。

宝亀十一年十月二十六日

この伊勢国司解の内容は、①部内浮宕＝国内移住者の現状と対策、②他国浮浪の現状とその措置とに内容を分けて考えることができる。

①では、伊勢国の民が国内に移住しており、力役に徴発しうる徭夫の数が少なかった。そこで諸郡に検括を加えさせたところ、（一）逃亡したとして三周六年法にもとづき除帳された者や、（二）死と詐って籍帳から名前を除かれていた者が多数存在した。彼らは王臣の庄で駆使されるとともに国家への課役を免れているのが現状であった。そこで、（一）については「立還」、（二）については「括出」と注記して本籍に編附することとした。②では、諂諛の徒が籍帳の記載を冒して侵入してきており、彼らは過去の籍帳と照らし合わせても、当国の民であるとは判明しない。しかし、いくら問い詰めても彼らは「土民」（当国の民）であると言ってきかないので、別の帳簿に歴名を記載するという措置

をとったとする。

①では、従来は全く禁止の対象とされなかった国内の移住が問題化された。そして、それが偽籍をともなうものとなったことが特徴である。その背景は、天平宝字年間以降における社会編成のもと、課役を忌避し、新規の開発地を求めて他国移住を行うことの意義が薄れたことにあろう。この段階で、課役を忌避するための現実的な方策は、国内移住をともないつつ、籍帳から自己の存在を消すことに向けられることになる。すなわち、天平期以後の私財法にもとづく土地支配の強化とそれと一体となった浮浪人身分の内実化をともなう人民支配の強化が、その支配の基礎である籍帳を場とする抵抗を逆に生じさせるにいたったことが示されている。それとともに、彼らの向かう先が、「王臣之庄」と認識されていることも注目できる。彼らは偽籍を行う以上、公的な土地経営を賃租を含めて行うことが不可能な存在となる。それ故、私的な関係のなかに身を置くことが必然化されるわけであり、その場は実際は地域社会のなかで様々な形態をとりえたであろうが、行政からの認識は「王臣之庄」における私的関係の形成であったといえる。

一方、この段階で②のような他国浮浪を行い、土民であると強弁する存在とは、いかなる存在なのか。伊勢国司解の②に対応する箇所の『続日本紀』同日条の記事は以下のようになっている。

又　勅。天下百姓。規避課役。流離他郷。雖有懐土之心。遂懼法而忘返。隣保知而相縦。課役因此無人。乃有臨得出身。喧訴多緒。勘籍之日。更煩尋検。宜依養老三年格式。能加捉搦。委問帰不。願留之輩。編附当処。願還之侶。差綱逓送。若国郡司及百姓。情懐奸詐。阿蔵役使者。官人解却見任。百姓決杖一百。永為恒例焉。

ここでは、はじめに他国浮浪の一般的問題性が指摘されるとともに、「隣保知而相縦」すという受け入れる側の問題性が述べられ、それに続けて、出身を得る者の勘籍をする際に喧訴が多いことが述べられている。伊勢国司解において他国から貫属を冒して移住しつつも「土民」であると強弁した人々は、官人としての出身を得るような人々であったと中央では認識している。

この段階にいたり、部内浮宕を行う者と、他国浮浪を行う者との間に、動機と階層の差異が生じてきているのではないかと考えられる。すなわち部内浮宕の動機は課役規避にあり庶民層を主体とし、一方、他国浮浪を行う者は、国堺を越えた人的交流や私的な交通のなかで、自己の社会的地位を獲得しようとするような社会的に有力な人々を主体とするという差異が生じることになったのではなかろうか。また同時に、部内浮宕を前提として偽籍化された戸に対し、他国からの移住者が流入するという、新たな関係が生まれていることにも注目できる。[19] それは、九世紀における都鄙間交通が「絶戸」を媒介として交叉し、王臣貴族層と地方民の交通が実現するという状況と構造的に一致しているといえる。

以上のように、天平期以降展開した浮浪人政策は、懲罰的・強圧的な処遇をとることにより、かえって偽籍をともなう部内浮宕という事態を自らの手で生じさせることになったことを確認できるが、その時期の僧尼に対する施策はどのようなものであったただろうか。『続日本紀』宝亀十年八月庚申条には、

治部省奏曰。大宝元年以降。僧尼雖レ有二本籍一。未レ知二存亡一。是以。諸国名帳。無レ由二計会一。望請。重仰二所由一。令レ陳二住処在不之状一。然則官僧已明。私度自止。於レ是下二知諸国一。令レ取二治部処分一。

焉。

とあり、治部省が保管している僧尼籍に記載されている僧尼の現状が不明であり、毎年送られてくる諸国名帳と照合できなくなっている状況なので、官僧の存亡と住処在不を報告させ、現状を反映した僧尼籍を新たに作ることにした。それに続き『続日本紀』同年月癸亥条には、

治部省言。今検二造僧尼本籍一。計二会内外諸寺名帳一。国分僧尼。住レ京者多。望請。任二先御願一。皆帰二本国一者。太政官処分。智行具足。情願二借住一。宜二依レ願聴一。以外悉還焉。

とある。先の命に従って、新たに作成された僧尼籍と諸寺の名帳を計会してみると、諸国の国分僧尼が、実際には京に住んでいる者が多かった。それについて、原則としては本国に帰すべきであるとの治部省の判断に対し、太政官は智行具足で所在に留まることを願う者についてはそれを許可することを指示している。さらに『続日本紀』同年九月癸未条には、

勅。僧尼之名。多冒二死者一。心挟二姧偽一。犯二乱憲章一。就中頗有二智行之輩一。若頓改革。還辱二緇侶一。宜下検二見数一与中公験上。自レ今以後。勿レ令二更然一。

とある。これも僧尼本籍を新たに調査作成した結果から判明したことであるが、現在の僧尼の多くが、死亡した僧尼の名を冒称して不正に僧尼の身分を得ている（＝私度）という現状であること。それに対し、現状を追認して、彼らすべてに公験を与えることにしたものである。

ここでは、浮浪人対策が行われる前年に、僧尼の身分確定が行われている。そして、今回は、僧尼の移動の現状を追認し、さらには死亡した僧尼の名を冒称して不正に僧尼の身分を得た私度まで、処罰するどころか、現状を追認して正式な公験を与えているのである。先に引用した天平宝字三年の私

度僧摘発を命ずる官符が実効性をもたなかったことは、このことに明らかであろう。

さらに、八世紀末の段階では、私度が僧尼籍と戸籍をともに偽籍する存在となっていたことが注目される。彼らは死亡した僧尼の名を冒称することで不正に僧尼の身分を得るのであるが、そのためには、彼らは戸籍から自身の存在を消す必要が生じたものと考えられる。それは、宝亀十一年格に語られるように、逃亡や死亡を偽ることで果たされたとみられる。私度が僧尼籍の死者を冒称することで僧尼の身分を偽って得ることは、以前より行われ蓄積された事態であり、それが八世紀末に明るみに出たのであろうが、ここでは、それが俗人の交通とリンクするにいたったことに特徴がある。

俗人は、浮浪という形で他国への移住を行っていたが、天平宝字年間を画期として、現実に懲罰的な処遇下に置かれることとなる。それに対する抵抗として生ずるのが偽籍をともなう部内浮宕であった。部内浮宕の行き先は、宝亀十一年格によれば「王臣之庄」とされているが、偽籍をともなう点では私度も同じである。しかし、私度を含む民間修行者の交通は事前に国家により保障され、課役忌避をねらった俗人のみが戸籍へ引きもどされることとなったのである。また、偽籍化された戸籍には、他国浮浪がもぐり込んでいた。ここに、国家支配に抵抗する民衆の偽籍化と、それに付け込みつつ自身の社会的地位を確立しようと広域の交通を行う有力者層と、国家から自由な交通を保障された民間修行者を含む僧尼の活動がリンクしながら展開し、九世紀に新たな社会体制が模索される前提が作り出されたのである。

第二節　『日本霊異記』にみる僧尼の交通

1　『日本霊異記』の性格をめぐって

『日本霊異記』は、三巻よりなる日本最古の仏教説話集である。薬師寺の伝灯住位僧景戒によって編まれたもので、弘仁年間（八一〇～八二四）の成立とされている。説話に語られる内容は、当時の社会の実態的なあり方を示すものとして注目されるのだが、その説話集の成立の仕方や性格については議論のあるところである。一つは、益田勝実氏の研究以来の、「私度僧の文学」としての位置づけである[20]。『日本霊異記』にみられる自度の僧への共感、同情、擁護の姿勢や、景戒自身も私度僧の経験があったとして、同書は私度僧が民間での説教に用いたテキストを集めたものであるとする。その一方で、官大寺僧の交通を重視する見解が存在する。在地の法会と官大寺僧の交通の関係を分析した鈴木景二氏は、各地で在地の法会を勤めた官大寺僧の手許に残った説教のメモが、彼らの帰京とともに南都の官大寺に集積され、景戒がそれをもとに編集したものであるとみている[21]。私は、後者の見解が妥当ではないかと思うが、その場合、景戒の私度僧への視線の背景を考える必要が出てこよう。

『日本霊異記』の性格を考える場合、いま一つ必要なことは、同書の構成に示された編者景戒の時代観を相対化し、そのなかに説話の内容を位置づけることではないかと考える[22]。同書は、上・中・下の三巻により構成されている。そのうち、景戒が仏教の全盛期として位置づけたのは聖武天皇の時代であり、中巻の序には「勝宝応真聖武太上天皇、尤くして大なる仏を造りたまひ、長に法の種を紹ぎたまふ。鬚髪を剃り袈裟を著、戒を受け善を脩ひたまひて、正を以ちて民を治めたまふ。」と東大寺大仏造営以下の聖武の事績を讃美するとともに、「是の天皇の代に録す所の善と悪と表との多数なるは、聖皇の徳に由る。」と、善悪の報が多く顕現することも、天皇の徳によるものなのだと捉えている。基本的にはその聖武の時代を中巻に据え、その前後を上・下巻に配した構成をとったといえる。しかし実のところ、上―三十一・三十二縁は聖武天皇の代の話であることが明記され、三十二縁は神亀四年（七二七）のことと記されている。上巻・中巻の分かれ目は、天皇の代によったものではないのである。その背景には、景戒のどのような時代観が存在したのであろうか。

2 景戒の時代観と私度

中―一縁は、天平元年（七二九）二月八日に、聖武が「元興寺にて、大なる法会を備け、三宝に供養した」際の話である。そこでは、

太政大臣正二位長屋親王に勅して、衆の僧に供ふる司に任てたまふ。時に一の沙弥有り。濫しく供養を甞る処に就きて、鉢を捧げ飯を受く。親王見たまひて、牙冊を以ちて沙弥の頭を罰ちたまふ。頭破れ血流る。沙弥頭を摩で、血を捫ひて悕み哭きて忽に観えず。去る処を知らず。時に法会の衆道俗倫に嘻きて言はく「凶し。善くあらず」といふ。

というように、長屋王が「一の沙弥」の頭を打ち、それが因となって長屋王の変が発覚し、死に追いやられることになったと話は展開する。[23] 長屋王の経歴や、篤信ぶりからみて、史実とは考えられない内容のものであるが、この説話について景戒は、「袈裟を著たる類は賤しき形なりとも恐りざるべか

らず、身を隠せる聖人其の中に交るが故なり、」と述べている。ここに見える「一の沙弥」とはどのような存在なのであろうか。景戒は『日本霊異記』において、「沙弥」の語を受戒をしていない状態の僧形の者を指す言葉として使用している。(24)それには、私度も含まれている。下―三十三縁では、十二薬叉神の名を誦持し里を歴て乞食する私度の伊勢沙弥について、「自度の師たりといへども、なほし忍の心をもちて闚よ。身を隠せる聖人、凡の中に交るが故に。」と、中―一縁と同じことを述べているのである。また、中―七縁には「智光法師嫉妬む心を発して、誹りて曰はく「吾れは是れ智しき人なり。行基は是れ沙弥なり。何故ぞ天皇、吾が智を歯へず、ただ沙弥を誉めて用る」と恨む。」とあり、景戒の沙弥に対する意識の背景の一つに行基の存在があったことが理解できる。

すなわち、中巻は、私度を含めた「沙弥」が仏教のなかで大きな意味をもった時代として景戒は位置づけ、それを第一縁の説話に象徴させたのではないだろうか。そしてそれを聖武という天皇の代ではなく、「天平」という時代に彼は求めたのであろう。

右のことは、私度に対する上巻と中巻以降との語られ方の違いに明瞭に表れているものと思う。上巻において私度を取り上げたものとしては、十九縁と二十七縁がある。十九縁は、山背国の一の自度が、俗人と碁を打っている時に、法華経の品を読む乞者を軽蔑し嘲りて口を歪めて読むまねをしたところ、歪んだ口がもどらなくなってしまったという。また二十七縁は、自度の石川沙弥の話であるが、彼は「容を沙弥に仮るといへども、心を賊盗に繫く」存在として描かれている。両者とも、私度を悪報を受ける存在として描くものである。

しかし、中巻以降には、悪報を受ける存在として私度が描かれた例は一つもみられず、地域における私度の活動がすべて肯定的な存在として描かれているのである。中巻以降、私度を受け入れた世界へと説話の構成が変化するといえる。

それは、在地の法会の場の描写にも表れる。ここでは同一の説話の構成をもつ上―十縁と中―十五縁を比較してみたい。両者とも在地の富める家の邸内での法会に、導師として僧が屈請される。その僧は夜、逃げ出そうとするが、その場で家長の亡母が牛に生まれ変わっていたという事実が発覚し、それを翌日の法会の場で告げ知らせるという内容である。上―十縁の場合は、大和国の椋家長公が方広経悔過の法会を営もうとして、僧を屈請するが、その際、「其の寺を択ばす、遇ふに随ひて請へよ」という家長の指示に従って、使人が「路行く一の僧」を請じている。一方、中―十五縁は、伊賀国の高橋連東人が亡母のために書写した法華経を供養する法会を開くのであるが、その際、東人の「第一に値はむを我が縁ある師とし、法を修ふ状有らば過さずかならず請へよ」という指示に従って、使人が請じてきたのは、「同じき郡の御谷の里に至る。乞ふ者有るを見る。鉢嚢を肘に懸け、酒に酔ひて路に臥す。姓名詳ならず。伎戯人有りて、髪を剃り縄を懸け、以ちて袈裟とす。」というような他人の戯れによって僧形にさせられたような者であった。彼は「我れ学ぶる所無し。ただし般若陀羅尼を誦持ち、食を乞ひて命を活く」存在であったが、そのような存在に対し、景戒は「乞ふ者の神しき呪を誦むことの積みたる功」を評価する立場をとっている。この上―十縁と中―十五縁との状況の違いは、私度を受け入れた中巻以降の説話の世界をよく示していると思われる。私度は在地の法会の場にも受け入れられたのである。

さて、一方で上巻・中巻を通じて共通することについても指摘しておきたい。それは第一に官僧の交通についてである。彼らは、「遍く諸方に遊びて法を弘め物を化」(25)すことにともなう広域の移動を行う存在であること。また、彼らを受け入れる在地の法会も存在していたこと。それは上―十一縁で、播磨国飾磨郡濃於寺の夏安居に、元興寺沙門慈応が檀越により請ぜられ法華経を講じていることによく表れている。また彼らは山林修行も行っていた(26)。第二に優婆塞のあり方であるが、彼らは山林修行を行ったり、僧の弟子として存在し、広域の移動を行っていること。また山林修行で得た験力をもとに、「禅師優婆塞」として病者のもとへ請ぜられることにおいて共通している。これら、官僧や優婆塞の移動をともなう活動は、『日本霊異記』全編を通じて共通することであり、古代を通じた特徴とみなすことができる。前節での検討と関連させて考えれば、彼らの広域な移動をともなう活動は、社会秩序を乱さないかぎり、国家によって保障されていたことが、背景にあるとみることができる。

そのうえで、「袈裟を著たる類は賤しき形なりとも恐りざるべからず、身を隠せる聖人其の中に交るが故なり、」という考えのもと、私度を含めた沙弥に大きな意味が付与された時代が「天平」期であったと、『日本霊異記』では位置づけられているのである。

3　僧尼の交通と村堂

それでは、下巻の特徴はどのような点に見出すことができるであろうか。下巻の序文には、「仏の涅槃したまひしより以来、延暦六年歳の丁卯に次るとしに迄るまでに、一千七百二十二年を逕たり。正と像との二を過ぎて、末法に入る。然うして日本に仏の法の伝り適めてより以還、延暦六年に迄るまでに、二百三十六歳を逕るなり。」とあり、正・像・末の仏教的時間のなかに、延暦六年を位置づけている。これは、下巻自体が『日本霊異記』編纂時点に対する直接的前提となる時代として位置づけられていることを示すものと思われる。中巻のように、特定の天皇の時代を意識したものではなく、その時代を過ぎて現在につながる時間としてみたのであり、それを位置づけるために普遍的な仏教的時間枠が示されたものと考えられる。

故に、下巻の場合は、それぞれの説話自体のなかから、時代の特徴を見出すことが必要となる。その一つと考えられ、ここで最も注目したいのは、官僧・私度・優婆塞それぞれに、地域内の私寺や堂などに止住する例がみえはじめることである。彼らが地域内で恒常的に交流しはじめるのが、この時期の特徴なのではないだろうか。下―十七縁を素材に具体的にみてみることとする。(27)

下―十七縁は、紀伊国那賀郡弥気里の自度の沙弥信行の話である。その里には村人たちが私に造った弥気山室堂という道場があり、いまだ造り畢らざる捻摂の弥勒菩薩の脇士二体があり、鐘堂に置かれていた。

檀越量りて曰はく「斯の像を山の浄き処に隠蔵せ」といふ。信行沙弥、常に其の堂に住み、鐘を打つを宗とす。像のいまだ畢らざることを見て、なほ以ちて患とす。落ちたる臂は糸を以ちて縛り副ぐ。像の頂を撫でて毎に願ひて言く「当に聖人有りて、因縁を得しめよ」とまうす。淹しく数の年を逕、白壁天皇の代の宝亀二年辛亥の秋七月の中旬に夜半より呻ふ声有りて言はく「痛きかな。痛きかな」といふ。其の音細く小く、女人の音の如くして、長く引きて呻ふ。信行初は思はく、山を越えむとする人の頓に病を得て宿るとおもひ、すなはち起きて坊を巡りて覓むれども病人無し。怪びて嘿然す。彼の病みて呻ふ音、夜を累ねて息まず。忍ぶること得ずして、起きて窺ひ見れば、呻鍾堂に有り。実に彼の像なりと知る。信行見て一は怪び一は悲ぶ。時に左京元興寺の沙門豊慶、常に其の堂に住む。彼の沙門を驚かし、室の戸を叩きて白さく「咄、大法師、起きて聞くべし」とまうし、具に呻ふ状を述ぶ。茲に豊慶と信行と大に怪び大に悲び、知識を率引て、捻り造り奉り畢り、会を設けて供養す。

ここで注目したいのは、第一に、弥気里の村人が私に堂を造っていることである。それ故、「檀越」とは弥気里の村人を指すことになる。そして、その堂にその里の自度沙弥の信行が「常に住」んでいることである。信行の堂での居住は、檀越の（ここでは村人の）承認のもとで行われたものと考えることができる(28)。

第二に、「痛きかな。痛きかな」という声を、信行が最初「山を越えむとする人の頓に病を得て宿る」と思っていることである。寺・堂が、他の地域から移動する人々の、病などに際しての宿泊の場として機能する側面を表している。このような例は、下―二十八縁などでも確認することができる。このことは、寺や堂がもつ境界性とでもいうべき重要な側面を表しているものと思う。

第三に、いまだ造り畢らざる仏像に対する檀越（村人）と、自度との意識の差異の存在である。すなわち檀越は「斯の像を山の浄き処に隠蔵せ」と言い、仏像を死屍のようにみなし葬送しようという意識をもっているのに対し、自度の信行は「当に聖人有りて、因縁を得しめよ」と祈願している。これは、出身の村落に住みつつもそこにとどまらない、宗教的意識のなかに生きる自度の特質を表しているものといえよう。

第四に、この堂には左京元興寺の沙門豊慶が常に住んでいたことである。官僧の交通については、鈴木氏の分析があり、地域において、官大寺僧と在地の僧との師弟関係、ネットワークが生み出されていたものと評価している[29]。この場合も、元興寺僧豊慶と自度沙弥信行とは、一種の師弟関係に擬することができよう。このような子弟関係のもとで、官僧により沙弥戒が授けられ、自度となったと想定することもできよう。

第五に、元興寺僧豊慶と自度沙弥信行とが、知識を率引し、弥勒菩薩脇士を捻り造り、会を設けて供養をしたことである。これと比較しうる説話は下―二十八縁である。紀伊国名草郡貴志里には、村人が私に造った貴志寺があり、一人の優婆塞が住んでいた。ある夜、優婆塞が寺の内に「痛きかな」という声を聞き、明くる朝弥勒丈六の首が大蟻に食われて断れ落ちているのを発見する。優婆塞はそのことを檀越に告げ知らせ、檀越等はあわれんで造り副《つ》いで恭敬供養したという。この場合は、檀越と優婆塞との間で話は完結している。しかし、弥気里の場合は、第三に指摘したこと、すなわち未完成の弥勒脇士に対する檀越と自度との意識の差が背景となるので、檀越との間で話は完結しないのである。知識率引の部分の記述に檀越のことが全くみえていないのは、それと関連する。それ故、ここで行われた知識率引は、檀越との関係を超えた、弥気里の範囲を越えた広範囲のものであったと考えられる。そこに、中央の権威を有する官大寺僧豊慶の存在がリンクしていることが、あらためて注意されるのである。

以上により、各地域に存在する寺や堂は、檀越により管理されつつも俗世とは隔絶された性格をもつが故に、僧や優婆塞などの交通とリンクすることがわかる。しかし、それは必ずしも既存の檀越や彼らの生業活動をもとに形成されていた村落関係の枠組みにとどまることなく、知識の例から理解できるように、広範囲に展開する性質をもつものであった[30]。そこにおける官僧や経国の僧など宗教者の「移動」が果たした役割は大きい。宗教者の広範な「移動」という状況は『日本霊異記』全巻を通じてみられたが、下巻では各地域において、上記のような寺・堂を場として彼らを恒常的に受け入れる関係が形成されてきていたといえる。下巻の始まりを告げる第一縁が、紀伊国熊野に止住した興福寺沙門永興禅師を主人公とし、熊野の人々との交流が描かれたものであることも、下巻の特徴を暗示したものであるのかもしれない。

『日本霊異記』はあくまでも説話集であるので、そこに描かれた事象は、特定の年代に対応する史実そのものとはもちろんいえない。また、景戒自身の仏教史観にもとづく編集を経た一つの作品であるということもいま一つの前提となる。しかし、それは単なる絵空事の羅列ではなく、八世紀末の時点における一人の官僧のリアリティーのある社会認識として受けとめる必要があると思う。

おわりに

本章で検討してきたことをまとめれば次のようになる。

第一に、古代における俗人の不法な交通を規制する浮浪人政策と、僧尼に対する政策は構造的に関連したものとして捉えることができることである。天平八年格によって浮浪人身分が創出されるが、それは、神亀年間以降の大量出家によって私度沙弥・沙弥尼を官度の世界に包摂していくという体制転換を前提に、天平六年に官度基準が設定されることでそのシステムが完成し、それにもとづく僧尼籍が天平九年に作成されることと関連してなされたものと考えた。それは如法修行者以外の俗人の不法な交通を厳しく規制する内容をもつものであった。それ以後宝亀年間までは、浮浪人政策が出される前年に如法修行者や私度に官度を与えるという形で、その活動や交通に対する天皇の恩恵にもとづく保障がなされていた。

第二に、神亀年間以降における体制転換は、『日本霊異記』においては、「天平」という時代に象徴化され、それは私度を含めた沙弥の世界の広がりとして表現されたこと。

第三に、『日本霊異記』には全巻を通じて、官僧尼、私度、優婆塞・優婆夷の広域の交通が描かれているが、それは古代の仏教全般を通じての特徴とみられること。そのうえで、下巻では各地域において寺や堂を場として、彼らを恒常的に受け入れる関係の存在が描かれ、それを『日本霊異記』編纂時点で認識されていた当時の社会状況とみなすことができること。

第四に、宝亀年間において確認できる、国家支配に抵抗する民衆の偽籍化と、私度による偽籍化と、それにより無実化された戸籍に付け込みつつ自身の社会的地位を確立しようとして広域の交通を行う有力者層の活動がリンクする状況は、右に指摘した『日本霊異記』に描かれている僧尼の交通を地域社会が受け入れる動向と密接に関連しているとみなせること。

第五に、僧尼、私度、優婆塞の自由な交通・活動は、王権により与えられる恩恵を前提とするものであり、国家的に保障された性質をもつと考えられること。この視点からみれば、神亀年間以前は、官僧尼を中心として社会秩序を乱さないかぎりでの交通と活動が保障されたが、神亀年間以降、私度を含めた民間修行者に、恩恵の及ぶ範囲が拡大されたものと捉えることができる。それは、第一章での検討をふまえるならば、官度を大量に与えるという方法によってしか実現しえなかったところに、この時期の特徴を求めることができる。従来、律令制にもとづく国家仏教とは、官僧が官寺において鎮護国家を祈願するものであり、それに対して民間では反権力的な宗教者が、私寺・堂を拠点として民衆を結集して布教を行っていたという二項対立的な構図で捉えられることが多かった[31]。それに対し近年は、私度僧の自由な活動を描き出したり、官僧の地域との交流を描くことで、その構図から逃れようとする研究段階にあるといえよう。本稿では、官僧をはじめ私度にいたるまで、彼らの自由な交通と活動は、単に自由であったのではなく、それが王権により与えられた恩恵によるかぎりでの自由であったことが古代の仏教の特徴ではなかったかと考える。

註

（1）研究史については、加藤友康「浮浪と逃亡」（日本村落史講座編集委員会編『日本村落史講座第四巻　政治1』雄山閣、一九九一年）に整理されている。

（2）鈴木景二「都鄙間交通と在地秩序――奈良・平安初期の仏教を素材として――」（『日本史研究』三七九号、一九九四年）。

（3）吉田一彦「古代の私度僧について」（同『日本古代社会と仏教』吉川弘文館、一九九五年）。

（4）僧尼令方便条、私度条も、私度を禁ずる内容をもっている。

（5）天平期以降の浮浪人政策の展開の社会的背景については、拙稿「墾田永年私財法と浮浪人」（『続日本紀研究』三三〇号、二〇〇一年）において検討したので、参照していただきたい。

（6）『三代格』天平八年二月二十五日勅。

（7）坂江渉「古代国家の社会編成と浮浪人認識」（『歴史評論』五八六号、一九九九年）。

(8)『続日本紀』宝亀十一年十月丙辰条。

(9)『三代格』延暦四年六月二十四日太政官符。

(10)『続日本紀』宝亀十年八月庚申条に「治部省奏曰。大宝元年以降。僧尼雖レ有二本籍一。未レ知二存亡一。」とみえ、僧尼籍が大宝元年（七〇一）以降、作成されたことがわかる。六年ごとに造籍されたとすると、天平九年（七三七）が僧尼籍の造籍年になる。

(11)佐久間竜「官僧について」（同『日本古代僧伝の研究』吉川弘文館、一九八三年）。

(12)『続日本紀』天平宝字二年十月甲子条。

(13)『続日本紀』天平宝字三年九月庚寅条。

(14)『続日本紀』天平十五年五月乙丑条、『三代格』天平十五年五月二十七日勅。

(15)拙稿、註(5)前掲論文。

(16)『日本霊異記』の引用は、新日本古典文学大系『日本霊異記』（岩波書店、一九九六年）の訓み下し文に従った。

(17)『三代格』天平宝字三年六月二十二日乾政官符。

(18)吉田一彦、註(3)前掲論文。

(19)櫛木謙周「浮浪・逃亡小論」（『奈良古代史論集』一、一九八五年）。

(20)益田勝実「古代説話文学」（『岩波講座日本文学史』一、岩波書店、一九五八年）、同『説話文学と絵巻』（三一書房、一九六〇年）。

(21)鈴木景二、註(2)前掲論文。

(22)高取正男「霊異記の歴史意識」（同『民間信仰史の研究』法藏館、一九八二年）において、すでに同様の視点からの検討がなされているが、ここでは私なりに再検討を試みることにしたい。

(23)寺崎保広『長屋王』（吉川弘文館、一九九九年）。

(24)熊倉千鶴子「『霊異記』における僧侶の呼称」（平野邦雄・東京女子大学古代史研究会編『日本霊異記の原像』角川書店、一九九一年）。

(25)『日本霊異記』上―二十二縁。

(26)　薗田香融「古代仏教における山林修行とその意義」(同『平安佛教の研究』法藏館、一九八一年)は、官大寺僧と山林修行との関係を明らかにしている。

(27)　『日本霊異記』に現れる寺や堂については、直木孝次郎「日本霊異記にみえる『堂』について」(同『奈良時代史の諸問題』塙書房、一九六八年)にその性格が分析されている。

(28)　下―十一縁では、諾楽京の蓼原里の盲目の女性が、蓼原堂の薬師如来に眼がみえるようになることを祈願している際に、「檀越見矜みて戸を開き裏に入れ、像の面に向ひて称へ礼まし」めている。また下―二十三縁では、信濃国小県郡嬢里の人大伴連忍勝が大般若経書写を発願のうえ、自度し、大伴連らがその里に建てた氏寺に常住していたが、堂の物を多用したために、人の讒を被り檀越によって打ち損なわれている。おそらく、寺・堂の人の出入りを含む管理は檀越によってなされており、その承認のもと僧や優婆塞の「常住」が実現していたものと考えられよう。

(29)　鈴木景二、註(2)前掲論文。

(30)　『日本霊異記』にみられる「堂」については、宮瀧交二「日本古代の村落と開発」(『歴史学研究』六三八号、一九九二年)のように当該期の共同体的諸関係を確認する場として重視する見解もあるが、僧や優婆塞の交通を前提に既存の共同体的関係の外に広がる関係の基点となる側面が重要であると考える。薗田香融「和歌山県小川庄五区共同保管大般若経について」(『古代史の研究』創刊号、一九七八年)では、和歌山県海草郡野上町小川地区の大般若経六百巻のうち、奥書から天平期の古写経とみられるもの九巻について紹介されている。そのうち、天平十三年の年紀が記される巻四一三・四一九に「御毛寺智識」の語がみえ、また巻四二八には「御気院」とみえ、それが本節で検討した「弥気の山室堂」にあたるとされている。また、奥書から御毛寺知識経に参加したことが明らかな人物として、紀直商人(巻四一九・四二六)、河内国和泉郡の坂本朝臣栗柄(巻四二七・四二八)、右京六条四坊の上毛野伊賀麻呂(巻四九四・四九六・四九七)がみえる。紀直商人は、在地の雄族である紀直の一族であるが、河内国和泉郡の坂本朝臣栗柄は、天平勝宝七歳九月二十八日「班田司歴名」(『大日本古文書』四―八一頁)に左班田司の算師としてみえる「坂本朝臣真栖」と同一人と考えられている。坂本朝臣は、河内国和泉郡坂本郷を本貫とする豪族である。また上毛野君伊賀麻呂は、正倉院文書の写経所関係文書に頻出する造東大寺司の経師で、天平十九年十二月十二日「二十部華厳経充装潢幷複校帳」(『大日本古文書』九―六一九頁)を初見とし、天平勝宝二年十二月二十三日「造東寺司解案」(『大日本古文書』一一―四四五頁)まで確認できる。以上、薗田氏の見解に従って紹介したが、この御毛寺知識経のあり方は、天平期以来、知識が国界を越える広範囲な人的交流のなかで実現しており、そこには中央の造東大寺司の写経生らの参加にみられるような中央―地方間の交通もみられていることを確認できる。このような史的前提のうえに、本節で検討した『日本霊異記』の知識率引も理解することができると思う。

(31) 井上光貞『日本古代の国家と仏教』(岩波書店、一九七一年)。

第三章　平安初期の僧尼支配と地域社会

はじめに

八世紀後半には、偽籍が社会的な問題となる。その要因の一つに、天平八年（七三六）格によって定められた浮浪人身分に対して、天平宝字年間以降、柵戸移配にみられるような懲罰的な処遇がとられるようになり、それに対する抵抗として偽籍をともなう「部内浮宕」（国内移住）が行われるようになったことについては、前章で確認した。

もう一つの要因として重視したいものに、僧尼によるものがある。『続日本紀』宝亀十年（七七九）九月癸未条には、「僧尼之名。多冒二死者一。心挟二奸偽一。犯二乱憲章一。就中頗有二智行之輩一。若頓改革。還辱二緇侶一。宜下検二見数一一与中公験上。自レ今以後。勿レ令二更然一。」とみえる。ここでは、死んだ僧尼の名を騙って、官僧になりすましている存在が多いことが述べられている。この僧尼による偽籍の歴史的な背景として、神亀年間以降に特徴的にみられた大量出家が、天平宝字年間以降に次第にみられなくなることを挙げることができる。大量出家は、私度を含めた修行者を天皇の恩恵にもとづいて官僧の世界に包摂していくための重要な方法であったが、八世紀中頃以降、それが行われなくなっていく。

それに対応する形で、僧尼集団によって、死者の名を冒す方法で、独自に私度が不法に官僧の世界へと取り込まれていく事態が進行していたと考えることができる。このような事態に対し、宝亀十年には、公験を与えることでその存在を国家が身分的に保障し、正式な官僧の世界へ包摂したが、このような対処法は、それ以後全くみられなくなる。

本章では、延暦期以降において、私度を含めた出家者に対する律令国家の支配はどのように変化したのか、そして、それは地域社会にとってどのような意味をもったのかという問題を考察したい。そこでまず、社会編成全体の変化の様相を検討することから始めることとする。

第一節　浪人支配の成立——八世紀末以降の浮浪人策の変遷概略

天平八年（七三六）格[1]により設定された浮浪人身分は、宝亀十一年（七八〇）格によって放棄され、いったん編附策がとられるが[2]、延暦四年（七八五）には再び天平八年格制による浮浪人身分把握へと回帰する[3]。

宝亀年間以降直面していた浮浪人の問題の第一は、偽籍をともなう部内浮宕をどのようにして社会編成し直すか、という問題である。彼らの行き先は「王臣之庄」にあると政府は認識しているので、そこが焦点となる。また、彼らの主体は、八世紀初頭からの系譜でいえば、課役の忌避を目的とした者や、他国へ移住することにより新規の開発地を獲得しようとしていた一般農民層にあると考えられる。彼らが、天平八年格における懲罰的な浮浪人身分の天平宝字年間以降の現実化によって、他国浮浪の魅力が失われ、その方法を偽籍をともなう国内移住へと転換させた主体であったと考えるからである。

第二には、他国浮浪をいかに社会的に編成するかという問題である。彼らは、国境を越えた人的交流や私的な交通のなかで、自己の社会的地位や富を獲得しようとするような社会的に有力な人々を主体とするものであったと捉えることができる。

延暦期に、不論土浪人策が登場することはよく知られているが、それがなぜこの時期に出現するのかということについての積極的な論証は従来なされておらず、天平期における浮浪人身分の創出以降の、公民―浮浪人という二元的身分を再び実質的に解消していく動きとして捉えられている(4)。しかし、不論土浪人策の登場は、延暦期に当面していた浮浪人の問題のなか、右に指摘した第二の点に密接に関わるものとして登場すると考える。

不論土浪人策の直接の初見は延暦九年（七九〇）であるが、吉村武彦氏が指摘するように、実際上のそれは、『続日本紀』延暦二年（七八三）六月辛亥条に遡る(5)。

勅曰。夷虜乱常。為梗未已。追則鳥散。捨則蟻結。事須練兵教卒。備其寇掠。今聞。坂東諸国。属有軍役。毎多尩弱。全不堪戦。即有雑色之輩。浮宕之類。或便弓馬。或堪戦陣。毎有徴発。未嘗差点。同曰皇民。豈合如此。宜仰坂東八国。簡取所有散位子。郡司子弟。浮宕等類。身堪軍士者。随国大小。一千已下。五百已上。専習用兵之道。並備身装。即入色之人。便考当国。白丁免徭。仍勅堪事国司一人。専知勾当。如有非常。便即押領奔赴。可告事機。

延暦二年は宝亀十一年格制下にあり編附策がとられているので、「浮浪人」という身分呼称は使用されず、「浮宕の類」と表現されている。ここでは、坂東八国に限定されているものの、それらの人々のなかに、弓馬に便があり、戦陣に堪える者が多数含まれているとされている。また、彼らは、散位の子、郡司子弟と並び称され、軍士として彼らを徴発しようとしている。ここで想起されるのは、宝亀十一年格における他国浮浪である。彼らは、他国浮浪を行いつつもなお土民であると強弁する、私的な交通にもとづく人的交流のなかで、社会的地位や富を求める人々を主体としたと考えた。それらの人々を軍士として編成し、国家的に利用しようとしたのが、この勅の内容である。この延暦二年勅の方針は、『続日本紀』延暦九年十月癸丑条へと展開する。

太政官奏言。蝦夷于紀久逋二王誅一。大軍奮撃。余孽未レ絶。当今。坂東之国。久疲二戎場一。強壮者。以二筋力一供レ軍。貧弱者。以二転餉一赴レ役。而富饒之輩。頗免二此苦一。前後之戦。未レ見二其労一。又諸国百姓。元離二軍役一。徴発之時。一無レ所レ預。計二其労逸一。不レ可レ同レ日。普天之下。同曰二皇民一。至二於挙レ事。何無二倶労一。請仰二左右京。五畿内。七道諸国司等一。不レ論二土人浪人及王臣佃使一。検二録財堪レ造レ甲者一。副二其所レ蓄物数及郷里姓名一。限二今年内一。令二以申訖一。又応レ造之数。各令二親申一。臣等。職参二枢要一。不レ能二黙爾一。敢陳二愚管一。以煩二天聴一。奏可之。

ここでは、坂東の国における富饒の輩がいまだ軍役を遁れていること。すなわち、延暦二年勅の実効性がなかったことが示されている。また、直接の軍役に関わらない諸国について、「土人・浪人・王臣佃使」を論ぜず、ともに「皇民」として造甲に堪える富をもつ者については、それを拠出させるべきとする方針が打ち出されている。この延暦九年の段階は、浮浪人については、延暦四年格制、すなわち天平八年格による「浮浪人」身分制下にあり、ここで「土人浪人」と並称されている「浪人」身分とは、「他国浮浪」を指す。

すなわち、延暦期に当面していた浮浪人についての第二の問題について、彼らの富を国家に吸い上げようとする方針が全国を対象に打ち出され、それに際して初めて不論土浪人策がとられたといえる。土民であれ、他国浮浪であれ、どちらにせよ富を拠出させるようにするというのが、初めて不論土浪人策がとられた際の背景なのである。また、それに際し、土人・浪人を含み込む「皇民」という上位概念が創出されていることに注意しておきたい。

不論土浪人策が、延暦期に当面していた第二の課題に対応して打ち出されたものであるとすれば、第一の課題に対してはどのような処置がとられたのであろうか。それを示すのが『三代格』延暦十六年（七九七）八月三日太政官符である。

太政官符

応徴寄住親王及王臣庄浪人調庸事

右浮宕之徒集於諸庄。仮勢其主。全免調庸。郡国寛縦曾無催徴。黎元積習常有規避。宜令国宰郡司勘計見口。毎年附浮浪帳。全徴調庸。其庄長等聴国検校。若有庄長拒捍。及脱漏一口者。禁身言上。科違勅罪。国郡阿容亦与同罪者。以前被大納言従三位神王宣称。奉勅如件。宜早下知。

延暦十六年八月三日

ここでは、「浮宕之徒」が諸庄に集まり、調庸負担を免れていることが問題化されている。それは、宝亀十一年格で、偽籍をともなって王臣の庄に向かったとされていた人々の行為に一致する。ここで「浮浪人」という語が使用されず、「浮宕之徒」という語が使われた理由は、対象とする人々の主体が、他国浮浪（従来の浮浪人身分）ではない、偽籍をともなう国内移住者であることによる。そして、ここでは、彼ら国内移住者を籍帳に登録し直すのではなく、庄園に現住のまま浮浪帳に載せ、調庸を収奪するという方針が示された。

これは、従来の浮浪人身分に対する重大な変更がなされたことを示している。国境を越えるか否かによって判別されていた浮浪人身分が部内浮宕をも含み込む形で編成されるにいたったのである。(6) この段階以降のものを、以前の「浮浪人」身分と区別して、「浪人」身分と呼称することとする。それは、国境を越える移動者を「浪人」として把握することでは、従来の「浮浪人」身分と共通するが、それに加え、偽籍して戸籍による把握から遁れ、「王臣之庄」に寄住した者も「浮浪人」身分として、すなわち「浪人」として把握するようになったといえる。部内浮宕を含む新たな「浪人」身分が創出されたこと、そしてそれが偽籍を前提とした支配体制への転換を意味するということにおいて、延暦十六年格のもつ歴史的意義は大きい。

延暦期に当面していた浮浪人問題に対し、他国浮浪については、その富を把握し拠出させる方向で、そして偽籍をともなう部内浮宕については、荘園に寄住する者を「浪人」身分として把握する形で、律令国家による支配が遂行された。

これ以後の浪人政策は、不論土浪人策を通じて、土人と浪人の負担の格差をなくしていく方向で展開していく。

大同三年（八〇八）には、飢疫を言上した諸国の調を免除するに際して、中男作物とともに浪人の調も免除され、(7)大同五年には、陸奥国の調庸は、従来、土人は狭布を、浮浪人は広布を輸していたが、浮浪人の要求を容れて土人と同じく狭布を輸すことが認められている。(8)さらに、弘仁二年（八一一）正月には、陸奥出羽両国において、土人浪人ともに公験なしで墾田を開発することが認められている。(9)以上の例は、飢疫や辺境という特殊性を前提として、土人と浪人の負担の均等化が図られたものといえる。浪人の身分内容を変化させるに従い、従来の懲罰的な身分内容のうち、物納負担を均等化する方針がとられたものといえる。

右の方針が、浪人身分全体のレベルで打ち出されたのが、『三代格』弘仁二年八月十一日太政官符である。

太政官符

応下浮浪人水旱不熟之年准二平民一免中調庸上事

右大納言正三位藤原朝臣園人奏状称。謹検二去和銅八年五月一日格一称。天下百姓多背二本貫一。浮二浪他郷一。規二避課役一。自レ今以後。浮浪逗留経二三月以上一輸二調庸一。仍録二国郡姓名一。附二調使一申送者。又天平八年四月七日格称。養老五年四月廿七日格云。見二獲浮浪一。実得二本貫一。如有二悔レ過欲レ帰逓二送本部一者。逓二送本土一更煩二路次一。請随二其欲レ帰。与レ状発遣。不レ労二逓送一。又云。自余無レ貫編二附当処一者。請不レ用二編附一。直録二名簿一。令レ輸二調庸一者。拠二検格旨一。並是欲レ令二浪人還二本土一也。至二于宝亀十一年一。願レ留之輩。編二附当処一。願レ還之侶。差レ綱逓送。延暦元年亦下二諸国一。尽レ頭編附。准二拠此格一。各任二其使一。今法家所レ勘。雖レ遭二水旱一。一無レ所レ免。全輸之苦。

異二於平民一。夫撫二綏百姓一。良宰是資。今吏或非二其人一。侵擾无レ已。棄レ家失レ業。浮二宕他郷一。尋二其由趣一。過在二官吏一。又一天之下。咸悉王臣。含養之恩。理須二一同一。望請。件浪人等。遭二水旱一者。准二於平民一。免二其調庸一者。右大臣宣。奉レ勅。依レ奏。但人之寄住。各有二其主一。宜下勘二其主戸一損上免之。不レ得三因レ此濫致二奸詐一。

弘仁二年八月十一日

この官符は、水旱に際しての調庸減免措置を、土人と同様に浪人に対しても適用することを命じたものであるが、以下の点に注目したい。

第一に、前半で述べられている従来の浮浪人対策に対する意義づけについてである。和銅八年（七一五）格や浮浪人身分設定をともなった天平八年（七三六）格については、浮浪人を懲罰的な処遇に置くことによって本貫地への帰還を促すことを目論んだものであったとし、それに対し宝亀十一年（七八〇）格とそれに続く延暦元年（七八二）格における戸籍編附策は、人々の移住を「その便のままに」したものとして位置づけている。それに続けて今回の水旱に際しての不論土浪人策の内容が述べられるのだが、文章の流れからいえば、弘仁二年現在は、宝亀十一年以降の「便のまま」なる居住のうえで人々を把握する段階として位置づけられているといえよう。それは、前述のような、延暦十六年格以降の浪人身分把握を前提として、国内・他国移住を問わず所在地においてそのまま把握する体制としてのものであり、宝亀十一年や延暦元年のような編附策とはシステムが異なっていることはいうまでもない。

第二に、浪人の存在について、「但し人の寄住、各その主あり。宜しくその主戸の損を勘へて免ずべし」とされていることである。ここでは、浪人身分全体を寄住の存在として捉えており、従来の他国浮浪、偽籍をともなう国内移住者を、ともに「寄住」する存在としての「浪人」身分としたことが明確となった。それは、移動の範囲（国内・国外）や寄住先（荘園・一般の村落）を問わず、本貫地における戸籍登録にもとづく負担に従わない人々すべてを「浪人」身分として把握する支配体制なのである。この段階を、新たな「浪人」支配の確立と捉えたい。

第三に、この浪人支配体制の確立にあたって「一天之下。咸悉王臣。」とする、王臣思想がうたわれていることである。延暦四年・九年の他国浮浪に対する「皇民」概念を前提として、九世紀初頭における新たな浪人支配の確立にともない、土人・浪人を包括する概念として王臣思想が位置づけられたと考えることができる。

第二節　平安初期の僧尼

1　八世紀末の対僧尼政策

延暦期以降、僧尼に対しては、どのような政策がとられるようになったのだろうか。『続日本紀』延暦四年（七八五）五月己未条には、

勅曰。出家之人本事行道。今見衆僧。多乖法旨。或私定檀越。出入閭巷。或誣称仏験。詿誤愚民。非唯比丘之不慎教律。抑是所司之不勤捉搦也。不加厳禁。何整緇徒。自今以後。如有此類。擯出外国。安置定額寺。

とある。ここでは、京畿内の僧のうち、僧尼令の趣旨に背いて私に檀越を定めて村里に出入りしたり、仏の霊験と称して俗人を欺くような行為を行うものが多数あり、そのような者については、外国（畿外）の定額寺に擯出するという措置がとられている。(10)

また、『続日本紀』同年七月癸丑条には、

勅曰。釈教深遠。伝其道者。緇徒是也。天下安寧。蓋亦由其神力矣。然則惟僧惟尼。有徳有行。自非褒顕。何以弘道。宜仰所司。択其修行伝灯無厭倦者。景迹歯名。具注申送。

とみえる。ここでは、有徳有行の僧尼を顕彰すべく、彼らの行業と年齢、名を注記し上申させている。延暦四年の段階で、僧尼令の秩序にのっとった有徳有行の僧尼の神力によって清浄化された、政治的宗教的な京畿内という空間を創出することが志向されている様子をうかがうことができる。外国擯出を命ずる五月勅の方針は、延暦十四年（七九五）にも再確認されている。(11)そして、『三代格』延暦十七年（七九八）四月十五日太政官符には次のようにある。

太政官符

応教正僧徒事

右被大納言従三位神王宣称。奉勅。沙門之行。護持戒律。苟乖斯道。豈曰仏子。而今不崇勝業。或事生産。周旋閭里。無異編戸。凡庶以之軽慢。聖教由其陵替。非只黷乱真諦。固亦違犯国典。自今以後。如此之輩。不得住寺以充供養。凡厥斎会勿関法筵。三綱知而不糺者与同罪。自余之禁一依令条。若有改過修行者。特聴還住。使夫住法之侶。弥篤精進之行。厭道之徒。更起慙愧之意。所司承知立為恒例。

延暦十七年四月十五日

ここでは、村里をめぐり歩き、生産を事として編戸すなわち俗人と異ならない生活を送っているような僧を、過ちを改める者は別として、寺に住まわせずまた供養を受けさせず、そして斎会にも参加させないという処置が全国を対象にとられている。そこには、破戒の僧を寺や法会から排除する姿勢が明確に表れている。

この延暦十七年官符は、庄園に寄住する浮浪人を部内浮宕・他国浮浪を問わず浮浪人とした延暦十六年格の翌年に出されていることが重要である。偽籍をともなう部内浮宕を「浪人」身分として把握したことは、偽籍行為自体を禁遏するのではなく、それが存在することを前提とした支配体制を確立する方向に向かったことを示している。その偽籍行為には、私度行為が関連していることも当時の律令政府は当然認識していた。そこで打ち出されたのが、延暦十七年官符である。そこでは、私度であるか否かということを問題化するのではなく、僧尼としての活動を行っているとはいえないような、僧尼と名乗りつつも俗人と変わらないような者を、寺や法会の場から排除する方針を打ち出したのである。

佐藤泰弘氏は、長岡京遷都を契機として、京周辺の国王を護持する寺院と、国土の保全を担う南都の寺院とに、機能が分離したことを指摘している(12)。以上の検討からすれば、遷都を契機としつつ、それら国王・国土を保全する寺院の所在する京畿内という空間を中心として、僧尼令あるいは内律にのっとった有徳有行の僧尼の清浄な空間が措定され、その秩序に矛盾するものを、その外へ、すなわち外国へと排除するシステムが創出された。そして延暦十六年格による浪人支配原理の転換にともなって、僧尼としての活動に矛盾する者を寺や法会から排除していくという社会的・空間的編成がとられたものと捉えることができよう。

以上の延暦期における僧尼の社会的・空間的編成のあり方と、従来多くの研究が積み重ねられている年分度者制や講師制の問題は密接に関わっているものと思われる。それは、上記の有徳有行の僧尼により構成される空間の内実を整えるシステムの創出を意図したものだったのではなかろうか。

国師制から講師制への転換は、延暦十四年になされ、そこでは、「諸国国師任限㆓六年㆒。兼預㆓他事㆒。煩以㆓解由㆒。自㆑今以後。宜㆘改㆓国師㆒曰㆓講師㆒。毎㆑国置㆗一人㆖。挙㆘才堪㆓講説㆒。為㆑衆推譲者㆖。申㆑官奏聞。然後聴㆑補。一任之後。不㆑得㆓輙替㆒。」(13)とされ、国師を講師と改称し、終身の任とするとともに、経典の講説に堪える者が条件とされている。そして、延暦十六年八月の勅では「諸国講師。所㆔以教㆓導緇徒㆒也。宜㆘除㆓造寺事㆒之外。寺内庶務。及糺㆓正僧尼㆒。皆委㆗講師㆖。」(14)とみえており、講師に第一に求められていたのは、造寺のような事業推進の能力ではなく、講説に堪える資質をもって僧尼を糺正し、教導することであったことが重要であろうと思う。その糺正・教導に従わない者が寺や法会の場から排除されることになったのである。

また有徳有行の僧尼を求める志向は、年分度者の規定へと向けられた。年分度者の得度条件は、『類聚国史』延暦十七年四月乙丑条(15)において、三十五歳以上の操履すでに定まり智行崇ぶべき者で、かつ正音を習う者を選び、僧綱と所司が大義十条を試問し、通五以上の者を得度させ、さらに加試して通八以上の者に受戒を許可するものと規定された。そして、この年分度者の得度条件が規定されるのと時を同じくして、前掲の破戒の僧の寺・法会からの排除が命ぜられたのである。

その後、年分度者制は、延暦二十五年にいたって華厳・天台・律・三論・法相業ごとの人数確定などをともなう一応の制度的完成をみるが、その段階で、「受戒之後。皆令先必読誦二部戒本。諳案一巻。羯摩四分律鈔。更試十二条。本業十条。戒律二条。通七以上者。依次差任立義複講及諸国講師。」[16]と規定され、年分度者制にもとづく官僧の階業システムの中に講師制がリンクするにいたっている。薗田香融氏によって僧尼育成の原理が、天平期における経典の諳誦と礼仏作法の熟練から、延暦十七年の年分度者制の規定にみるような論を中心とした解義の能力に鋭角的な転換をみたものと評価された事態の背景に[17]、浪人支配原理の転換を背景として、有徳有行の僧を中心にすえ、僧尼としての活動に矛盾する存在を排除する原理をともなった、延暦期における僧尼の空間的・社会的編成が存在したことの重要性を確認しておきたい。

2　『日本霊異記』下巻にみられる自度の存在形態

『日本霊異記』下巻は、帝姫安倍天皇の世にかけられる説話より始まる。中巻の最後が大炊天皇すなわち淳仁天皇の治世にかけられるもので終わっていることからすると、天平宝字末年以降の時代観をもつ説話により構成されるものと想定することができよう。それは、天皇による大量出家枠の賜与がみられなくなった時代に相当する。ここでは、そのことが、地域社会にどのような変化をもたらしたのかということを考えるために、地域社会に密着した僧侶の存在形態を『日本霊異記』下巻を素材にみていくこととする。

まず、注目したいのは、俗について生業を営む僧侶、あるいは自度の存在である。それは、延暦十七年四月十五日の太政官符で「或事二生産一。周二旋閭里一。無レ異二編戸一。」とされ、寺や法会から排除された対象と重なる存在といいかえることができる。

下―四縁には、「諸楽京に一の大僧有り。名詳ならず。僧常に方広経典を誦み、俗に即きて銭を貸して妻子を蓄養ふ[18]。」とあり、銭を貸した聟に返済を執拗に迫ることによって、聟から疎まれ、任国の奥国へ渡る途中に聟に謀られて海に投げ入れられるが、方広経誦持の力により生還する。そして、「彼の聟奥国にして、陥れたる舅の為に聊斎食を備けて三宝に供る。舅の僧展転りて食を乞ひ、偶法事に値ひて自度の例に有り。面を匿して居て、其の供養を受」け、それに聟が気づくというように話が展開する。ここでは、俗につきて銭を貸して妻子を養う僧侶の存在と、在地での法会における自度の例の存在に注目できる。

下―十縁では、「牟婁沙弥は榎本氏なり。自度にして名無し。紀伊国牟婁郡の人なるが故に字を牟婁と号ふ。沙弥は安諦郡の荒田村に居住み、鬢髪を剃除り、袈裟を著、俗に即きて家を収めて産業を営造む。」とされ、その自度が法華経を書写し、神護景雲三年（七六九）に火災に遭うが、その経を収めた筥だけは燃えなかったという。ここでは、自度の存在形態として俗につきて家を収めて産業を営むあり方が描かれている。

下―三十縁は、「老僧観規は、俗姓三間名干岐なり。紀伊国名草郡の人なり。自性天年雕巧を宗とす。有智の得業にして、並に衆の才を統べたり。俗に著きて営農をして妻子を蓄養ふ。」とし、彼は先祖の造れる寺である名草郡弥勒寺（能応寺）に、聖武天皇の世に釈迦の丈六と脇士を雕造ることを発願し、宝亀十年（七七九）に完成し、安置供養した。さらに、十一面観音像の造像を発願するが、完成しないまま延暦元年（七八二）に能応寺にて命終するが、蘇って弟子と檀越に、その像を造り畢えてくれるように懇願するというように話は展開していく。

右に挙げた説話からは、当時、俗につき生業を営む自度を含む僧侶が地域社会に存在し、彼らが在地の村落や氏寺などに居住しており、また在地における法会では、「自度の例」がみられるように、彼らを受け入れる体制ができていたことがわかる。

彼らのような存在を受け入れる場の一つに、村落の「堂」があったことも想定できるであろう。前章で取り上げた下―十七縁の紀伊国那賀郡弥気里に村人たちが私に造った弥気山室堂に住んだ自度沙弥信行の事例や、下―二十三縁で信濃国小県郡嬢里に大伴連らが氏寺を造り、大般若経の書写を発願した大伴連忍勝が自度して住んだ例を挙げることができる。また下―二十八縁では、紀伊国名草郡貴志里の村人らが私の寺を造った貴志寺という道場があったが、そこに一人の優婆塞が住んでいる。村人たちが造った村落の堂や氏寺あるいは道場は、自度や優婆塞など多様な存在を受け入れる場であったといえる。

以上に挙げたような、俗について生業を営む僧侶や自度や、村落の堂に住む自度や優婆塞などは、天皇によって大量出家枠が賜与され続けていた八世紀中頃までは、官僧の地方への交通と地方における彼らとの交流を前提として、官僧の世界へ包摂されていくべき存在であったと想定できる。しかし、大量出家枠が賜与されなくなっていく八世紀中頃以降には、彼らは多様な生活様式のまま、自度を含めて地域社会のなかで存在していくことになる。一部の者は、官僧との交流にもとづいて、死んだ官僧の名を冒す形で、すなわち偽籍を通じて官僧の世界へ取り込まれていくが、そうした事態が宝亀十年には明るみに出る。

そして、延暦期以降の僧尼政策は、僧尼令の原則によって彼らを摘発し、処罰するような形で編成するのではなく、官僧たちにより営まれる寺や法会の場から排除することによって、逆にその存在を社会的に認めたということができる。それによって、当時の村落の生活様式に規定された宗教者の活動が展開されていくことになった。それゆえ、八世紀前半の行基の布教活動の段階とは異なる、村落の生活様式に規定された本格的な地域社会への仏教の浸透は、大量出家のみられなくなる八世紀中頃以降に始まり、延暦期以降に本格化することになったと考えることができる。

3 平安初期の僧尼の集団性

延暦期において、僧尼令の秩序にのっとった僧尼により構成される清浄な空間が寺であり、それに反する者をその空間から排除するという僧尼の社会編成がとられたと考えたが、それが前提となって、次のような現象が現れた。『類聚国史』大同元年（八〇六）十月甲子条には、以下のようにみえている。[19]

勅。内典之門。持戒為レ首。苟有犯破。誰弘厥道。然則道之盛衰。良由其人。保護国家。無レ不レ率レ斯。故緇徒之禁。具載科条。凡在非違。准レ法応レ勘。今得少僧都忠芬状。僧尼行業。或不レ如レ法。即律教中。已設明制。禁断之事。請准教旨。夫緇素異レ戒。内外殊レ趣。宜依レ所レ請。任令遵行。但殺人奸盗。此是不レ軽。随レ犯還俗。一如外法。

僧尼令の秩序にのっとった僧尼により寺が構成されているのであれば、その集団を律するものは、仏教本来の内律であってよい、というように僧尼の側から建言されるにいたったのである。殺人と奸盗とを除いて、それは許可された。このことは、国家が清浄なる空間としての寺を演出したことを前提として、それによって逆に俗権から相対的に自立した僧尼の集団性が立ち現れてきたことが示されている。(20)

右の大同元年制は、弘仁三年（八一二）になって再び僧尼令によって僧尼の犯罪を糺すことに訂正される(21)が、僧尼の集団性が形づくられる方向性には変化がなかったと思われる。『続日本後紀』承和五年（八三八）十月丁酉条には、

詔曰。人之度量。器非二一同一。識鑒行能。各有二帰趣一。宜下智徳翹楚為二道棟梁一者。無レ問二隠顕一。不レ限二員数一。同共選挙上。其道業優潤能堪二伝灯一。及精進苦行衆所二共知一。毎二大寺一。簡二択七人已下一。具注二年臈一。若無二此類一。不レ可二強挙一。縦雖二人多一。同宗之人不レ得二専挙一。遍詢二諸業一。仍僧綱一人。毎レ寺須下顕対二大衆一而選上レ之。令三別当三綱幷挙頭同署二其帳一。皆三年一度造レ簿。十月之内。為レ例進レ之。

とあり、学業と精進苦行に優れた者を大寺ごとに推挙させて帳簿によって把握することを定めているが、その際「僧綱一人。毎レ寺須下顕対二大衆一而選上レ之。」とある点に注目できる。有徳有行の僧を把握しようとすることは、前掲の『続日本紀』延暦四年（七八五）七月癸丑条にもみられたが、そこでは「宜乙仰二所司一。択下其修行伝灯無二厭倦一者上。景迹歯名。具注申送甲。」とされているように、所司が一方的に選出するものであった。しかし、承和五年段階では、「大衆」に僧綱が「顕対」して、すなわち寺の成員である「大衆」の承認のもとに選出される手続きがとられている点に大きな変化がみられ

る。九世紀の前半には、寺の成員としての「大衆」という存在が、寺における僧尼の集団性を社会的に表すものとして立ち現れてくるのである。

そこで、次に天長元年（八二四）五月二十三日「延暦寺禁制式」[22]を素材にして、平安初期の叡山の様子について検討することとしたい。この延暦寺禁制式とは、弘仁十三年（八二二）の最澄の死を受けて、遺弟の仁忠、義真、円澄が「為下住二持仏法一。利中益有情上。今録二先師之遺訓一。兼加二便宜之事一」えて、禁制二十二条を制定したもので、そのなかには、次のような記述がみえている。

凡仏子。以二慈悲一為レ心。以二柔軟一為レ語。所以大師存日。告曰。我同法一衆。不レ打二童子一。又於二院内一。不レ得二刑罰一。若不レ随レ意。不二我同法一。非二仏弟子一。非二学仏法人一也。因レ茲今録二大師語一。告二示後代一。為レ護二持仏法一。各勿二刑罰一。不レ得三指掌尚打二童子一。為レ有二違犯一。非二同山衆一。名二異類之人一。異類之人。豈同レ院哉。〈第四条〉

凡童子者。是為二未来師一。当レ作二仏法棟梁一者矣。朝夕奥精。冬夏温情。無レ聞二一悪一。有レ増二万善一。芳志満レ室。能誉馳レ院。読誦之経。部帙満足。師則注二其姓名一。申二送政所一。当下試二能読一。預中学生例上。若童子有レ過。其師量二軽重一。以レ拝為レ罰。以レ懺為レ刑。夫悪性近事。童子。或放逸毀闘。或奸諂嬾惰。常悩二師心一。或軽二慢他人一。或聚洛。媚レ女嗜レ酒。或仮二師名一。私乞食。如レ是等輩。長大之後。仏法糟糠。衆中荊棘。宜二疾抜レ苗。豈致二斧費一哉。〈第九条〉

凡春秋二時。作二房主帳一。送二上政所一。其帳各註二法号並国郡姓名一。不レ論二大小一。為二恒式一矣。不レ随二法制一。名為二浪人一。不レ同二山衆一。豈同レ利哉。〈第十条〉

凡諸仏子等。不レ得二闘諍罵詈一。若闘諍。彼此相打。悉皆擯出。若罵詈。彼此悪言。罰二三十拝一。

対ㇾ衆懺悔。〈第十四条〉

以上、第四・九・十・十四条を挙げてみた。注目すべき点を以下に整理してみたい。

まず、第四条と第九条には、童子に関する記述がみられる。童子とは、出家をめざし師僧に従う得度以前の少年のことである。第九条によると、童子は「未来の師」であり将来「仏法の棟梁」となるべき存在とされ、加試ののち、学生の例に預かるべく修行中の存在である。そして、その童子が過ちを犯した場合には、師僧が罪を量り、拝と懺悔を行わせることとされている。しかし、現状は優婆塞や童子のなかに、闘乱し、修行にはげまず、他人を侮り、群れをなして、女に媚び、酒を飲むなどの行為に及び、また師の名を騙って私に乞食するなど問題の多い者がみられる。そして彼らは長大してのちには、害をなすに違いないから、今のうちに排除することとしている。

第四条においては、童子をたやすく打つようなことがあった場合には、「同山の衆に非ず」「異類の人と名づけ」「異類の人、豈院を同じくせんや」というように、叡山の成員とはみなさないこととし、また、暴力沙汰全般については、第十四条に規定され、闘争し暴力に及んだ場合には「皆悉く擯出」することとしている。

さらに、叡山の成員自体を確定する方法について第十条に示されている。そこには、春秋の二時に法号と本貫地および姓名を記した房主帳を政所に提出させ、そこに記載されている者を叡山の成員と認め、それ以外の者を「名づけて浪人となす」ことを規定している(23)。房主帳とは、僧房ごとに師僧と彼に従う弟子僧、優婆塞、童子などを書き上げたものと想定できるが、そこに記載されていない者を「浪人となす」と述べている点に注目できる。

以上、天長元年の延暦寺禁制式からは、平安初期の叡山においては、師弟の結合関係（＝房主帳の単位）を超えて、「同山の衆」あるいは「同法一衆」と表現される集団とそれにともなう集団意識が存在していることがわかる。その集団秩序を犯し、また僧としての規範に矛盾する活動を行う者は「同類」ではなく「異類」の人であり、集団から「擯出」すべき存在であった。この論理自体は、延暦期に律令政府によって打ち出された僧尼の社会的・空間的編成に関わる方針におけるものと同じであることが重要であろうと思う。それは、この段階の僧尼の集団性が、王権による僧尼の位置づけに関わる論理に規定された只中から形づくられてきたことと関連しているものと思う。そして、排除された者は、「浪人」と位置づけられていたのである。

彼らが「浪人」と位置づけられた背景には、最澄が弘仁九年（八一八）に朝廷に撰上した六条式に、天台の年分度者について「不レ除二籍名一。賜二加仏子号一。授二円十善戒一。為二菩薩沙弥[24]一。」とあるように、大乗の理念にもとづく菩薩の沙弥であるが故に、俗籍を除かないとしていることがある。彼らは、叡山における菩薩の沙弥としての秩序に従うかぎりにおいて僧たりえている存在なのであり、そこから排除されれば「浪人」と位置づけられる存在なのである。前節での検討によれば、弘仁二年（八一一）以降、浪人身分とは、移動の範囲（国内・国外）や寄住先（庄園・一般の村落）を問わず、本貫地における戸籍登録にもとづく負担に従わない人々すべてを含み込む概念となったと考えられた。延暦寺禁制式にみられる「浪人」概念はそれとまさしく一致するものといえよう。逆にいえば、俗籍を除かない菩薩の沙弥によって構成される集団であるからこそ、叡山においては早期に独自の集団秩序が形成されなければならなかったものということができる。

また、成員以外の者を「浪人」として排除していることは、僧尼の世界が、土人や浪人といった「王臣」思想によってなる世界から独立した世界であることを同時に表現しているものと考えることができよう。

4　王土思想の位置づけ

『日本霊異記』の最終話である下―三十九縁で、景戒は、嵯峨（神野親王）が伊予国神野郡の石鎚山の浄行禅師、寂仙菩薩の生まれかわりであることを述べた後に、次のように記している。

是を以ちて定めて知る、此れ聖の君なりといふことを。また何を以ちてか聖の君と知る。世俗云はく「国皇の法に、人を殺したる罪人は、かならず法に随ひて殺す。而れども是の天皇は、弘仁の年号を出して世に伝へ、殺すべき人を流罪と成して彼の命を活けて、人を治めたまふなり。是を以ちて聡に聖の君なりといふことを知る」といふ。或る人誹謗りていはく「聖の君にあらず。何を以ちての故に。此の天皇の時に、天下に旱の厲有り。また天の災と地の妖と飢饉の難と繁く多有り。また鷹と犬とを養ひて鳥と猪と鹿とを取る。是れ慈悲ぶる心にあらず」といふ。是の儀然あらず。食す国の内の物は、みな国皇の物なり。針指すばかりの末だに、私の物かつて無し。国皇の随自在の儀なり。百姓といへども、あに誹らむや。また聖の君堯舜の世にすら、なほし旱の厲在り。故に誹るべからず。

前半では、嵯峨天皇を、寛宥の仁政を行ったことによって聖の君となす見解と、嵯峨の治世に旱・天災・地変・飢饉が起こったこと、また殺生を行ったことから聖の君ではないとする見解を併記する。

そのうえで、景戒は、特に仏教思想に関わる誹謗、すなわち殺生について、「食す国の内の物は、みな国皇の物なり。針指すばかりの末だに、私の物かつて無し。国皇の随自在の儀なり。」と、王土思想をもって反論しているのである。前節で検討したところによれば、浪人支配の成立に際しては、「王臣」思想がみられた。それは、土人・浪人を包括する概念として強調されたものであった。ここでは、それと同じ時期の弘仁年間において、官僧である景戒によって、「王土」思想が主張されていることを確認できる。

　前項で、叡山の僧たちがその秩序に反する者を「浪人」として排除していることは、僧尼の世界が、土人や浪人といった「王臣」思想によってなる世界から独立した世界であることを同時に表現しているのではないかと考えた。王臣思想によってなる土人・浪人の世界から独立した僧尼の世界をも含み込んで、王権との関係を説明する上位概念として、この段階の「王土」思想を位置づけることができよう。官僧である景戒によって、「王土」思想が主張される背景には、弘仁年間に確立した浪人支配とそれに対し独立した僧尼の世界に対する官僧の認識があったと考えられる。また注意すべきことは、景戒に特徴的なこととして、そうした官僧の世界から排除された自度をも含む民間修行者に対する高い評価を行っていることがある。景戒は、彼らに対して「袈裟を著たる類は賤しき形なりとも恐りざるべからず、身を隠せる聖人其の中に交るが故なり、[25]」という態度を表明している。延暦期以降の社会編成によって、寺や法会から排除されることになった彼らの存在を前提として、彼らをも包摂した形で、王権との関係を説明する概念として必要とされたのが、「王土」思想であったと考えることができる。[26]

おわりに

本章での検討をまとめると次のようになる。

第一に、俗人の社会編成については浮浪人政策を追うことにより確認した。八世紀末に直面していた浮浪人の問題は、偽籍をともない「王臣之庄」に向かった部内浮宕と、主に国郡司によって私的に匿われている状況にある他国浮浪をいかに社会編成するかということであり、後者の他国浮浪の問題に関わって不論土浪人策が登場すること。それは他国浮浪のもつ富に注目し、それを拠出させることを目的としていた。また部内浮宕の問題に対する措置として出された延暦十六年格は、庄園に寄住した部内浮宕を浮浪人身分とする内容をもつが、それによって、部内浮宕を含む新たな「浪人身分」が創出され、偽籍を前提とした社会編成へと転換したと考えられること。それにともない、土人・浪人間の負担の格差を是正するための不論土浪人策が行われ、弘仁二年格にいたると、浪人身分全体を寄住する存在とし、移動の範囲（国内・国外）や寄住先（庄園・一般の村落）を問わず、本貫地における戸籍登録にもとづく負担に従わない人々すべてを包括する身分内容となり、新たな浪人支配が確立した。それとともに、土人・浪人をともに包み込むものとして「王臣」思想が位置づけられたと考えた。

第二に、長岡京遷都を契機として、国王・国土を保全する機能を担う寺院の所在する京畿内という空間を中心として、僧尼令あるいは内律にのっとった有徳有行の僧尼の清浄な空間が措定され、その秩序に矛盾するものを、その外へ、すなわち外国へと排除するシステムが創出された。そして延暦十六年格による浪人支配原理の転換にともなって、偽籍（私度）行為自体を禁遏するのではなく、僧尼としての活動に矛盾する者を全国の寺や法会から排除していくという僧尼に対する社会的空間的編成がとられたものと捉えた。そして、この時期に展開する講師制や年分度者制は、その社会的空間的編成の内実を整える意味をもったものと位置づけた。

第三に、右のような僧尼に対する社会的な編成が変化することによって、地域社会においては、村落の生活様式に規定されつつ、村落内に多様な出家者および修行者を受け入れることにより、本格的な仏教の地域社会への浸透がみられるようになると考えることができること。

第四に、上記の僧尼の位置づけの論理の只中から、僧尼の集団性が立ち現れてくる。それは、僧尼令や内律に従った僧尼により寺が構成されるのであれば、僧尼によって内律にもとづく自立的な運営が可能だという論理の展開によるとともに、実際に集団秩序を形成する動きがみられるにいたることを「延暦寺禁制式」を素材に検討した。そして、九世紀前半には、土人・浪人の「王臣」の世界から独立した官僧の世界、および官僧の世界から排除された自度を含む民間僧を王権との関係で説明する概念として「王土」思想が位置づけられたものと考えた。

以上が、本章で検討してきた内容であるが、八世紀から九世紀にかけて、人々の交通に対する社会編成は、大きくみてどのように変化をしたといえるであろうか。八世紀は、移動であれ、移住であれ、国堺を越える自由な交通が禁止されていた段階であったと捉えることができる。その例外として僧尼の交通が王権によって保障されたのである。しかし、八世紀末から九世紀にかけて新たな浪人身分支配が成立すると、移動する人々は、国衙によって部内に「寄住」する存在として把握されることが基本となり、人や物の移動自体については、従来の国堺を枠とした規制が緩められたといえる。故に、九世紀には、僧俗ともに人や物の自由な移動が実現しえる社会編成に変化したといえるのではないだろうか。そのような社会編成の変化によって仏教の地域社会への浸透も本格化すると考える。

註

(1)『三代格』天平八年二月二十五日勅。
(2)『続日本紀』宝亀十一年十月丙辰条。
(3)『三代格』延暦四年六月二十四日太政官符。
(4)吉田孝「編戸制・班田制の構造的特質」「律令国家の諸段階」(同『律令国家と古代の社会』岩波書店、一九八三年)、吉村武彦「律令制国家と百姓支配」(同『日本古代の社会と国家』岩波書店、一九九六年)。
(5)吉村武彦、註(4)前掲論文。
(6)延暦十六年格を、他国浮浪・部内浮宕にかかわらず諸庄に流入する者を対象とする政策とみるものに、岡崎玲子「律令国家の浪人支配」(『日本歴史』五九九号、一九九八年)がある。
(7)『日本後紀』大同三年九月戊戌条。
(8)『三代格』大同五年二月二十三日太政官符。
(9)『日本後紀』弘仁二年正月甲子条、『三代格』弘仁二年正月二十九日太政官符。
(10)ここでの畿外擯出には、僧尼令外国寺条の「凡僧尼。有レ犯二百日苦使一。経二三度一。改配二外国寺一。仍不レ得レ配二入畿内一。」という規定が準用されたものとみられる。中井真孝「僧尼令における犯罪と刑罰」(同『日本古代仏教制度史の研究』法藏館、一九九一年)は本条について、養老六年(七二二)七月の太政官奏と同じく僧尼の民間浮遊を禁断した法令であるが、養老六年には僧尼令観玄象条を適用し還俗後俗律により科断するという厳罰に処したが、本条では刑量のより軽い外国条を適用する方針に転換したとする。本稿では、そのうえで、本条が延暦期における僧尼の社会的・空間的編成のうえで重要な意味をもった点に注目したい。

(11) 『類聚国史』巻一八六僧尼雑制、延暦十四年四月庚申条。
(12) 佐藤泰弘「桓武朝の復古と革新」(㈶向日市埋蔵文化財センター『年報　都城』一一号、二〇〇〇年)。
(13) 『貞観交替式』延暦二十四年十二月二十五日官符所引、延暦十四年八月十四日官符。
(14) 『類聚国史』巻一八六僧尼雑制、延暦十六年八月甲子条。
(15) 『類聚国史』巻一八七度者。
(16) 『日本後紀』大同元年正月辛卯条、『三代格』延暦二十五年正月二十六日太政官符。
(17) 薗田香融「平安仏教」(『岩波講座日本歴史』四、岩波書店、一九六二年)。
(18) 引用は、新日本古典文学大系『日本霊異記』(岩波書店、一九九六年)による。
(19) 『類聚国史』巻一八六僧尼雑制。
(20) 本郷真紹「律令国家と僧尼集団――国家仏教から教団仏教へ――」(同『律令国家仏教の研究』法藏館、二〇〇五年)は、平安初期の僧尼の集団性の出現を、国家仏教から教団仏教への移行という視点で捉えている。
(21) 『日本後紀』弘仁三年六月己酉条。
(22) 『天台霞標』五編巻一(大日本仏教全書一二六―五二二頁)。「延暦寺禁制式」の史料的性格については、佐藤全敏「延暦寺禁制式の基礎的考察」(義江彰夫編『古代中世の史料と文学』吉川弘文館、二〇〇五年)により検討されている。
(23) 天禄元年七月十六日「天台座主良源起請」(『平安遺文』三〇三号)の二十二条目「応春秋二季出房主帳事」では、本条に従って房主帳を出すことを命じた後に、「但如先式(延暦寺禁制式のこと…筆者註)者。似近士童子皆可注上也。是山衆数少。僧房不レ多之時之事乎。当今難レ可依行。仍須只注出現住僧名。不レ可違失之。」と記している。
(24) 弘仁九年五月十三日「天台法華宗年分学生式一首(六条式)」(日本思想大系『最澄』岩波書店、一九七四年)。
(25) 『日本霊異記』中―一縁。
(26) 村井章介「王土王民思想と九世紀の転換」(『思想』八四七号、一九九五年)は、中世国家の支配イデオロギーの一翼を構成する王土王民思想の成立を、九世紀中頃における主に対新羅関係を背景とする対外意識との関連で捉えている。王土王民思想成立の史的背景については第五章で検討する。

第四章　地域社会における神祇と仏教

はじめに

古代の地域社会を考えるうえで、村落祭祀が重要な位置を占めることについては、従来の古代村落に関わる議論をみれば明らかであろう（1）。その村落祭祀の具体的な内容については、『令集解』儀制令春時祭田条の古記および一云の記述にもとづいている。

古記云。春時祭田之日。謂国郡郷里毎レ村在二社神一。人夫集聚祭。若放二祈年祭一歟也。行二郷飲酒礼一。謂令下其郷家備設上也。

一云。毎レ村私置二社官一。名称二社首一。村内之人。縁二公私事一往二来他国一。令レ輸二神幣一。或毎レ家量レ状取二斂稲一。出挙取レ利。預造二設酒一。祭田之日。設二備飲食一。并人別設レ食。男女悉集。告二国家法一令レ知訖。即以レ歯居レ坐。以二子弟等一充二膳部一。供二給飲食一。春秋二時祭也。此称二尊長養老之道一也。

この記述内容から、祭祀を通じて村落支配を行う村落首長の存在が見出されてきた。そして、神祇と仏教との関係に注目するならば、宮瀧交二氏が、八世紀を通じて村落内の個別経営の自立化傾向が進むことによって、古代村落は構造的な再編を余儀なくされていき、その段階で共同体的な諸関係を確認する場として村落の「堂」が存在したと指摘している(2)。祭祀を通じた村落首長による支配が崩壊するなかで、仏教が個別経営相互を結びつける機能を担ったとする理解である。

前章では、天平宝字年間以降、天皇による大量出家人枠の賜与が次第にみられなくなり、その後延暦期に僧尼に対する社会編成が変化することによって、仏教の地域社会への本格的な浸透がみられるようになるのではないかと考えた。

では、八世紀の地域社会には、神祇祭祀に関わるどのような秩序が存在したのであろうか。そして、その地域社会のなかに、仏教はどのような形で受容されていったのであろうか。その点を具体的に検討するのが本章の課題である。

まず、在地における神仏習合の具体的なあり方を示す多度神宮寺の事例が示す意味を考察し、それを前提に、素材を北陸の東大寺領関係史料に求め、在地の祭祀の具体的なあり方と仏教に関わる施設のあり方を検討し、右の課題に迫りたいと思う。

第一節　多度神宮寺の事例

延暦二十年（八〇一）十一月三日「多度神宮寺伽藍縁起幷資財帳」(3)は、年紀に「延暦廿年」と記されているが、「廿」は上から別筆で重ね書きしたものであり、もとは「七」もしくは「十」であったものらしい(4)。ここでは、それをふまえたうえで、その内容についての検討を行うこととしたい。そこには次のように記されている。

桑名郡多度寺鎮三綱謹牒上

神宮寺伽藍縁起幷資財帳

以二去天平宝字七年歳次癸卯十二月庚戌朔廿日丙辰一、神社之東有レ井於二道場一、満願禅師居住、敬‐造阿弥陀丈六一、于レ時在レ人、託レ神云、我多度神也、吾経二久劫一作二重罪業一、受二神道報一、今冀永為レ離二神身一、欲レ帰‐依三宝一、如レ是託訖、雖レ忍二数遍一、猶弥託云々、於レ茲満願禅師神坐山南辺伐掃、造‐立小堂及神御像一、号‐称多度大菩薩一、次当郡主帳外従七位下水取月足銅鍾鋳造、幷鍾台儲奉レ施、次美濃国近士県主新麿三重塔奉レ起、次宝亀十一年十一月十三日、朝廷使下令二四人一得度上、次大僧都賢璟大徳三重塔起造既畢、次天応元年十二月始私度沙弥法教、引‐導伊勢美濃尾張志摩幷四国道俗知識等一、造‐立法堂幷僧房大衆湯屋、迄二于今日一遠近修行者等、作備供養行事並寺内資財、顕注如レ件、

（後略）

天平宝字七年（七六三）に、神社の東の道場に満願禅師が居住していたが、多度神がある人に、自分は久しい年月を経るなかで重い罪業をなしてしまい、今神道の報いを受けており、長く神身を離れるために三宝に帰依したい旨を託宣したという。そこで、満願によって小堂と神像が造立され、多度大菩薩と称された。その後、桑名郡主帳従七位下水取月足によって銅鐘および鐘台が築かれ、美濃国の優婆塞県主新麿によって三重塔が造立された。宝亀十一年（七八〇）には、朝廷から四人の得度が与えられ、また大僧都賢璟によって三重塔が造立された。さらに翌天応元年（七八一）には、私度沙

弥法教が、伊勢・美濃・尾張・志摩四国にわたる道俗を知識として引導し、法堂や僧房、大衆湯屋を造立したと述べられている。

満願禅師は、『三代格』嘉祥三年（八五〇）八月五日太政官符に「天平勝宝年中。修行僧満願到来此部。為神発願始建件寺。奉写大般若経六百巻。図画仏像。住持八箇年。神以応感。而満願去後年代已久。無人住持。伽藍荒蕪。」と、鹿島神宮寺の草創に関わって記される人物と同一で、彼が広範囲にわたり諸国を遊行し、神仏習合をすすめる修行僧であったことがわかる。神仏習合自体の問題については、次章において、天命思想と仏教との関係の考察を行う際に検討したいと思うが、ここでは、前章でも考察したように、広域にわたる官僧の交通が神仏習合の動きを各地にもたらす前提となっていたことを確認しておきたい。

大僧都賢璟は、「尾張大僧都」ともよばれ、尾張国の荒田井氏出身であった。正倉院文書の優婆塞貢進文には、彼が師主となって、郷里の子弟を僧侶に育成していたことがみられ、彼が出家の後も郷里の一族と関係を保ち、しばしば南都と尾張との間を往復したであろうことが、薗田香融氏によって明らかにされている(5)。彼は、満願によってきっかけがつくられた神仏習合の動きを地元出身の官僧としてバックアップし、朝廷からの得度四人の許可を取り付けるとともに、自身も三重の塔の造立を発願したのであろう。

また、資財帳の墾田の箇所には、

伊勢国桑名郡播桙嶋東庄墾田幷田代

（中略）

合墾田并田代捌拾町肆段参伯肆拾歩〈大納言正三位藤原碓黒施入〉

とみえる。藤原碓黒とは藤原朝臣小黒麻呂のことと考えられ、彼は、天平宝字八年（七六四）に伊勢守に任じられており、宝亀二年（七七一）には中衛少将として美濃守を兼ねたという経歴をもっている。[6] また『濫觴抄』には、延暦十二年（七九三）正月に遷都の地を相するために、大納言藤原小黒麻呂、参議左大弁古佐美とともに賢璟が遣わされたことがみえている。[7] これらのことから類推すれば、国司在任中に得た墾田地を、中央での賢璟らとの交流を前提に、多度神宮寺へ施入したと考えられるのではないだろうか。桑名郡主帳水取月足が銅鐘および鐘台を造立した背景にも、王臣家としての小黒麻呂との私的なつながりが存在した可能性もあると思われる。

その賢璟のもとには、伊勢・美濃・尾張・志摩国など国境を越えて活動を展開する私度沙弥の法教が存在した。多度山は、揖斐川下流右岸の伊勢・美濃・尾張の国堺付近にあって、木曾・長良・揖斐三川の広大な沖積平野に屹立し、雨乞の神として地域の人々の尊崇をあつめ、また伊勢・志摩国境の朝熊ヶ岳と対峙して、伊勢湾航行の目標とされ、漁民の信仰も篤かったことが、高取正男氏によって指摘されている。[8] そのような広域な生活圏における信仰を背景として、多度社はのちの延喜式内社に列せられる地域神として存在していたということができよう。それは、村落レベルでの祭祀を超えた地域の有力神としての存在であったことを改めて確認しておきたい。そのような地域の有力神において、神仏習合という事態が生起してくるのである。

そして、私度沙弥法教は、地元出身の大僧都賢璟の権威を背景にして、農・漁業などの生業を通じて信仰を得ていた国堺をまたぐ地域を、知識という形で具体的に結びつけたといえる。彼は、私度沙弥であることによって、かえって自由に地域社会のなかにおいて民衆と交流することが可能であった。彼のような存在が、天平宝字年間以降の大量出家枠の賜与がみられなくなっていくことを背景に、各地域に多数存在しはじめていたであろうことについては前章で指摘したが、民衆生活に密着して知識を募るような活動は僧尼令秩序に規制される官僧には不可能なことであった。それを補完する機能を果たしたのが私度沙弥であり、地域と寺院を結びつける結節点となったといえる。それが、法教が私度沙弥の肩書きで縁起資財帳に署名をした理由であり、また、これ以後延暦期における僧尼政策は、彼のような存在を、法会や寺から排除するということを前提に受け入れていったことについては前章で検討したところである。

以上のような多度神宮寺の成立の様相からうかがえる特徴は、地方を広域に移動する満願のような僧と、中央と地方を往還する賢璟のような官僧と、そのような官僧につながる私度沙弥の国堺を越えた活動がリンクしていることである。そこに俗人として、中央の王臣家、在地の有力者が資財を提供する形でリンクし、また私度沙弥による知識結によって結ばれた、日常の共同体関係の範囲を越えた人々の関係が実現することになっている。そのあり方は、構造的には、第二章で検討した『日本霊異記』下―十七縁における、私度沙弥信行と元興寺僧豊慶との関係、および彼らによる知識率引と共通するものであるといえる。このような寺院をめぐる関係において、俗人に対する交通規制として重要な意味をもっていた国堺が、意味をもたないものとなっていることは重要であろうと思う。

また、もう一つ注意しておきたいのは、資財帳の「仏物」の項に挙げられている経典である。そこには、「大般若経壱部〈六百巻〉、法華経拾部〈十巻〉、大宝積経壱部〈百廿巻〉、最勝王経三部〈卅巻〉、花厳経弐部〈百六十巻〉、金剛三昧経壱巻、灌頂経拾弐巻、金剛般若経伯巻、瑜伽論壱部〈百巻〉、智度論弐部〈弐百巻〉、金剛三昧論壱部〈三巻〉、金剛三昧頌壱巻」と所蔵する経典が列挙されている。それは、最勝王経・法華経という護国経典をはじめ、蓮華蔵世界をとく華厳経、災異に対する功徳が期待された大般若経・金剛般若経の般若経典、大乗菩薩道に関わる大宝積経・瑜伽論、密教修法に関わる灌頂経、禅定にかかわる金剛三昧経・論・頌、というように、天平期以来の中央での仏教の中核をなす経典が書写されていることがわかる。このことは、この多度神宮寺が、多種多様な僧尼の交通を受け入れることが可能な場として成立していたことを、経典の側面から表現しているものと思われる。

以上のような多度神宮寺の事例を、八世紀後半の地方における僧侶と俗人の交通を介した神仏習合の一つの典型的なあり方として捉えたうえで、次節において、八世紀中葉以降に展開してくる東大寺領関係の史料を素材として、地方の庄園における神祇祭祀と仏教施設の展開のあり方を具体的に検討することとしたい。

第二節　古代北陸庄園における神祇祭祀

古代において在地における神祇祭祀が生産活動のうえで重要な意味をもっていたことについては、「はじめに」で指摘したように周知のことと思う。本節では、八世紀から九世紀にかけての庄園において、神祇と仏教とがどのような関係にあったのかという問題を考えるために、まず、北陸の古代庄園にみられる神祇祭祀のあり方について検討を試みたいと思う。

八世紀中頃の越中国東大寺領関係の文書あるいは開田図には、「社」「神田」等の記載がみられる。その問題に注目した吉村武彦氏は、越中国の場合、第一に、庄園経営に在地の神社を巻き込む段階と、その神社への奉神分として神田を設置する二次的段階の二段階に分けられること、第二に、各庄園は基本的には在地小社の「土神」と、式内社に列せられた郡における有数の神があるが、各庄園は基本的には在地系の神社を付置していることにその特徴を整理し、初期庄園と「農耕共同体」との関係を考察する手がかりとしている。(9)

この時期の越中国東大寺領関係の史料には、越中国司解やそれにともなう開田図が存在するが、行論の都合上、吉村氏に倣い、天平宝字三年（七五九）十一月十四日付「東大寺越中国諸郡庄園総券」を第一惣券、それにともなう開田図を第一図、天平神護三年（七六七）五月七日付「越中国司解」を第二惣券、神護景雲元年（七六七）十一月十六日付「越中国司解」を第三惣券、それにともなう開田図を第三図と称することとする。また、越中国の東大寺領は成立の契機からみて次の四種に分類することができる。第一は、天平感宝元年（七四九）の野地占定によって成立したもの。これは、第一惣券に記載されているもので、礪波郡伊加流伎庄、射水郡榠田庄・須加庄・鳴戸庄・鹿田庄、新川郡丈部庄・大藪庄が挙げられる。第二に、天平宝字元年に橘奈良麻呂の没官地が施入されて成立した礪波郡石粟庄。第三に、天平神護三年に利波臣志留志が寄進した礪波郡井山庄。第四に、成立時期・契機ともに確定できない華厳供田としての礪波郡杵名蛭庄が存在する。第一のものが野地占定によるものであるのに対し、第二・第三のものは貴・豪族の所有を経て施入されたものである点で性格が大きく異なることが予想され、ここでは、まず前者の野地占定によるものからみてみることにする。

東大寺により野地が占定され、その開発が進められていく過程で、近隣に存在する「社」と関係をもちはじめることは、新川郡の大藪庄や丈部庄の事例で確認することができる。大藪庄の場合、第一図では全く未開の状態であるが、庄域外北方を流れる辛女川の対岸に「鹿墓社」の記載がみえている。それが第三図になると十九町余の開発が進行するとともに、庄と「鹿墓社」を結ぶ道が描かれるにいたる。これは、開発ならびに耕地の維持が「鹿墓社」との関係のなかで展開したことを意味するといえよう。また、丈部庄では、第一図の庄域外に「庄所三町　味当社　味当村古郡所」が一箇所にまとまって存在している。この場合は、庄域の近隣に存在した「味当村」と何らかの関係を取り結ぶことによって、開発および耕地の維持が行われたことを示すものであるといえる。

そこで次に、庄経営の進展過程と「社」のあり方との関係を捉えるには、第一図と第三図がともに存在しているものが、分析にあたり都合がよい。そこで、射水郡鳴戸庄と須加庄とを取り上げたいと思う。

まず、鳴戸庄の場合、第一図の段階では公田との入り組み関係にあるが、第三図段階では、一応の一円化が実現されている。次に経営のあり方についてであるが、第一図の十三条大塩下里五行三には「鳴戸田四段二百六十歩三宅二段」とあり、また庄域外東北部に「三宅所四段直稲三百束在櫛田郷塩野村主射水郡古江郷戸阿努君具足」との記載がみえ、庄域内の三宅とともに、櫛田郷塩野村に所在する土地と建物を買得して三宅所とし、庄域内外二箇所の三宅を拠点に経営を行っているものと推測できる。ところが第三図をみると、大塩下里五行三には「鳴戸田一町　三宅所四段　荒一段二百六十歩

定二段　百姓口分二段百歩」とあり、また庄域外の三宅に関する記載もなく、この段階では経営拠点としての三宅が庄域内に統合されたものと考えることができる。また同里六行一には「榛林二段」が新たにみられ、「もり」の意から社と関係ある森林を推測する吉村氏の見解(16)に従うならば、社の萌芽的形態として評価できるものと思われる。以上の鳴戸庄の例からは、経営拠点としての三宅の統合と「社」の萌芽と庄域の一円化の動きが相互に関連をもちつつ展開してきていることを確認することができる。

次に須加庄の場合、第一図段階では公田との入り組み関係がみられて一円化されていないが、第三図段階では一円化が実現している。まず第一図をみると、七条世岐里二行三に「社」の記載があり庄域内に「社」が存在するとともに、同里三行一には「神田三段百廿歩　公田」とあり、庄域に入り組んで公田としての神田が存在していることがわかる。さて、第三惣券・第三図になると、熟田である見開田の内訳に「奉神一段八十歩」が挙げられ、第三図には七条世伎里二行三に「神田□□□[所カ]八十歩」、同里二行四に「神□□[田カ]段」との記載があり、これが奉神分の内容であることが推定できる。一方、第一図に公田としての神田が記載されていた同里三行一には、「神田一町　荒三段　定七段」とあり、神田と名は残すものの須加庄の定田・荒田として把握されており、一円化の結果、庄域内に組み込まれるとともに奉神の内容をもたないものとなったことが確認できる。以上のように、須加庄の場合、一円化以前の天平宝字三年段階には庄域に社が存在し、公田としての神田と入り組んでいる関係にあったが、一円化が果たされた神護景雲元年段階には、公田としての神田を寺墾田として組み込むとともに、奉神分としての神田を新たに庄域内に設置したことを確認することができる。

ここで問題になってくるのは、庄域の一円化にともなう経営の強化と、社あるいは神田のあり方との関連であろう。一体、神護景雲元年段階に「奉神分」としてみえはじめる神田とはどのような意味と性格をもつものなのであろうか。そこで注目したいのが射水郡鹿田庄である。鹿田庄の場合、第一図は存在せず、第一惣券には社あるいは神田に関わる記載は全くみられない。その後、第二惣券と第三惣券では見開田のなかに「奉神一段」が計上されるようになる。第三図の記載をみると、庄域全体の一円化が果たされるとともに、十六条小家田里六行五に「小家田一町　櫛田神分一段　定九段」、同条小田下里四行二に「小家田七段　榛村幷神社」、同里五行一に「小家田一町　社所一段　定九段」、同里三行二に「小家田六段　三宅所四段　定二段」とみえている。ここで注意したいことは、第一に、見開田のなかに計上された「奉神一段」の内容が、「櫛田神分一段」に相当すること。この櫛田神は後の延喜式段階で式内社に列せられる、庄域外に存在する神社であり、そのような神社に対する「奉神分」であることが理解できる。第二に、それとの関連で、庄域内に存在する「神社」「社所」とされるもの自体は「奉神分」として計上される性格のものではなく、また庄域内の神社は必ずしも神田をともなうものではなかったことも理解することができるのである。

以上の分析の結果を、庄経営の展開と在地の共同体との関係という視点からまとめてみたい。まず在地に「社」における農耕儀礼を軸とする再生産に関わる共同体が存在したことは認めてよいと思われる。その存在を前提に、東大寺によって各地域に野地が占定されていく場合、その共同体と安定した関係を保っていく必要上、在地の「社」との結びつきが形成されることとなろう。その場合、占定野地からある程度離れた場に在地の共同体の「社」が存在する場合と、公田と入り組み関係にあるような地では隣接して、あるいは「社」を含み込んだ形で野地が占定される場合などのケースが想定可能である。前者の場合に相当するのが、新川郡大藪庄・丈部庄や射水郡鹿田庄であり、後者の場合に須加庄・椯田庄があてはまるのではないかと思われる。開発あるいはその耕地での再生産を行っていくうえで在地の「社」との結合がみられる点は、新川郡大藪庄・丈部庄の事例について前述したところであるし、射水郡鹿田庄と櫛田神との関係もその比定地がともに高岡市東南部にあたることからすると、同様な結合を想定可能で、その他のものについても同様の関係を想定することができると思う。

そのうえで注目したいことは、その後の庄経営と在地の「社」の関係の変化の側面である。神護景雲元年段階になると、ほとんどの庄園で経営が強化され、三宅の統合あるいは庄域の一円化が図られることになる。そして、それとともに、その一円化された庄域内に新たに「奉神分」としての神田が設置されるようになるのである。その関係は、第一図で「味当社」に隣接して三宅が設置されていた丈部庄でも確認でき、第三惣券では「奉神三段」が新たに計上されている。そしてその「奉神分」が既存の在地の共同体の「社」に対するものであることは、鹿田庄の事例で確認できた。庄経営の強化あるいは庄域の一円化とこの「奉神分」の設定とが関連していることを重視するならば、これらの動きは各庄園が独自の再生産システムを作り出していく方向性のなかで評価する必要があると思われる。

各庄園は、一円化された庄園全体として「奉神分」として在地の「社」に対する一定の供出を行うことで、在地の共同体と安定した関係を確認するとともに、庄域内においては独自の「社」などの設定のもとに、庄園経営に参加する毎年の成員を確認する独自の農耕儀礼をともなう経営上の相対的な独立を果たそうとしたものと捉えることができるのではなかろうか。すなわち、初期の段階では、在地の共同体による「社」の農耕儀礼に包摂されて庄域の耕営が行われるという関係であった。しかし、その後庄経営の強化、庄域の一円化が図られた段階で、庄園として在地の共同体に一定の田地の穫稲を確保し、それを「社」に奉ることで在地の共同体と安定した関係を維持するとともに、庄園においては在地の共同体から独立して農耕儀礼を行うことが可能となり、庄園の田地経営に参加する成員を毎年の農耕儀礼を通じて独自に把握する体制へと移行しようとしたものと考えるのである。

次に、石粟庄・井山庄など貴・豪族の所有を経た後に東大寺に施入されたものについて検討したい。各庄園の地理的な関係を示すための参考として掲げたのが**図1**である。橘奈良麻呂の没官地である石粟庄の場合は、第一図をみると、二十九条榛前中里六行三に「浅井神一段」、同里六行四に「櫛田神一段」、二十八条黒田東中里三行一に「荊波神一段」、二十七条黒田上里三行六に「土神七十二歩」、同里四行五に「荊波神一段七十二歩　男神二段」がみえ、その神田計六段百四十四歩は、第二・第三惣券へと引き継がれている。また、利波臣志留志の寄進にかかる井山庄の場合も、第三図の二十条井山里五行一に「山田一町　社所一段　土神分一段　荊波神分四段　雄神分四段」の記載がみられる。両者とも、「土神」＋郡内（櫛田神は隣郡）の後の式内社に列せられる複数の有力神を対象とする神田をその庄域内に設置していることが特徴である。

このようなあり方に対し、藤井一二氏は、各神社の背後には、その祭祀を中核とする「村落共同体」とそれを基盤とする有力首長層が存在し、その墾田経営が在地の有力首長層を媒介にして維持されたことと密接に関わると評価し、具体的には各神社を祭祀の中核とする共同体のなかから労働力が庄園の近辺地に集団的に進出し、耕営に参画していたのであろうとしている[19]。確かに、庄園の労働力

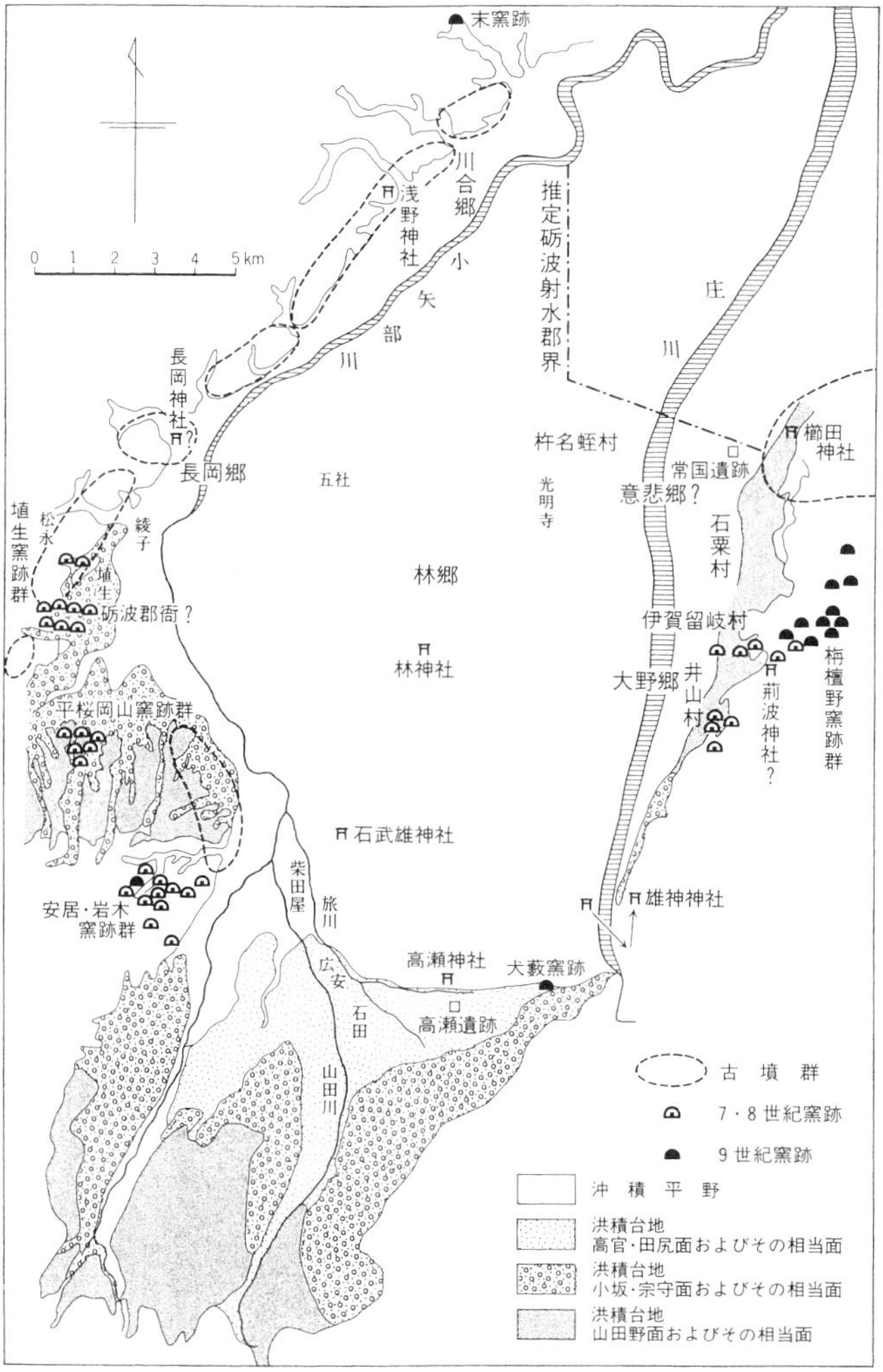

図1　礪波平野の地形と主要遺跡
金田章裕・田島公「越中国砺波郡東大寺領荘園図――石粟村・伊加流伎（伊加留岐村）・井山村・杵名蛭村」（金田章裕・石上英一・鎌田元一・栄原永遠男編『日本古代荘園図』東京大学出版会、1996年）より引用。

として集団的な移住が存在した可能性は十分あると思う。しかし、庄園内に設定された神田がすべてその原理で説明できるであろうか。

　そこで、井山庄にみえる「荊波神」と「雄神」について考えてみたい。まず、「荊波神」については、石粟庄の第一図の庄域の東堺に「従二荊波一往レ紵道」とあり、「荊波より紵へ往く道」が通じていたことがわかる。この「紵」は「カラムシ」と読むのが妥当とされている[20]。井山庄自体は、石粟庄や伊加流伎庄の南方に位置するもので、この三庄は庄川右岸の岡・山沿いに南北に分布していたことになる[21]。井山庄第三図には、庄域の東側に道があり、北の方向に対して「往二辛虫村一道」、南の方向に対し「往二木波村一道」と記されている。とすると、問題の「荊波」は、石粟庄の東南の方向、井山庄の東方にほぼ比定することができる。『万葉集』四一三八には、天平勝宝二年（七五〇）に、大伴家持が、墾田地検察のために赴いた礪波郡で、荊波里にある主帳多治比部北里の家に宿泊したことがみえている。また井山庄の四至の南は「蝮部千対地」があり、庄域外東側の高槐東里四行三には、「小井郷戸主蝮部三口戸治田二段百廿歩」の存在が確認できる。それ故、「荊波里」は、蝮部を中心とした勢力が生業活動を展開していたものと推測でき、それが井山庄と地域的に密接な関係をもっているものと考えることができるのである。

　また、「雄（男）神」は井山庄南方、距離としてはあまり隔たらない庄川の上流右岸、現庄川町庄集落の東の山麓に比定される[22]。第三図によると庄川上流から取水された灌漑用水が井山庄に入り、北方へと通じていることが確認でき、この場合、灌漑の問題において密接な関係を「雄神」との間に想定することができると思われる。

井山庄は、第三図によれば、墾田地面積百二十町、内見開田四十七町八十歩をもち、地方豪族である利波臣志留志が自己の墾田を東大寺に寄進したものである。その開発には、彼の個別経営を中心として、同族的結合も利用しつつ私的な結合関係を通じて事実上隷属させている個別経営を、労働力として編成して使役したと一般的に考えることができるであろう。その関係は、越前国坂井郡の大領品治部君広耳の墾田が郡内に散在していたように、個別経営と個別経営相互の関係として郡内に広範囲に広がるものであると考えられる。また、生江臣東人の墾田百町の施入を契機に成立した越前国足羽郡道守庄の場合、庄域周辺には生江浄成・豊浜・広浜・息嶋、足羽年足、道守床足等の畠が存在し、そのうち生江息嶋・道守床足は東大寺領の経営に参画していたことが確認できる。彼らは東人との私的な結合関係にもとづき郡内各地から労働力編成をともないつつ開発に協力したものと思われるが、それは基本的に道守庄域に地理的に関わる共同体間の関係にもとづいたものではないと考えられる。ところが、井山庄に設定されていた神田についてみるならば、それは庄域の東方に所在する荊波里の蝮部を中心とした勢力に対するものであると考えられ、「雄神」の場合は、庄川から取水される灌漑用水の関係にもとづく共同体間の関係の存在が想定でき、ともに庄域と地理的に密接に関わることが特質であるといえる。そうするならば、在地の神社との関係は、有力首長層を媒介とした庄園に対する労働力編成の問題でのみ考えることはできず、その地域をとりまく共同体関係との安定的な秩序維持という問題が大きいものと理解できる。

　一方、橘奈良麻呂の没官地の勅施入として成立した石粟庄の場合、「荊波神」「男（雄）神」は井山庄と共通している。石粟庄が伊加流伎庄を挟んで井山庄と南北に連なる関係にあることからすれば、この二つの神社に対する神田設置は、井山庄と同様の水利関係の理由によるものと思われる。「櫛田神」は射水郡櫛田郷に所在したものと考えられるが、櫛田郷は、現高岡市東南部に比定でき、石粟庄の北方近くに位置することになる。その地域を取りまく共同体関係との水利をめぐる安定的な秩序維持という視角からすれば、その関係が当然成立してよいものと考えられ、郡堺を越えてその関係が形成されたものとして評価したい。「浅井神」は、礪波郡内ではあるが遠く隔たっており[26]、地域的な関係にもとづく共同体間関係を想定することは困難で、当地へ進出するにあたっての在地豪族との政治的な関係にもとづくものかと想像する。

吉村氏は、儀制令春時祭田条の古記・一云の記載をもとに、村落では在地小首長のヘゲモニーのもとに農耕儀礼が行われていたとしたうえで、越中庄園における「神田」設置の意味は、「農耕共同体」の祭祀機能の物質的基礎を提供することによって、在地小首長と結合し、庄園耕作に農民を動員して耕地が不安定で動揺しやすい「農耕共同体」[27]の生産活動を側面的に支え、「農耕共同体」との密接な経済的関係を展開したものと捉えている。しかし、右の検討の結果からすれば、「神田」設置の意味は、共同体の祭祀機能の物質的基礎の提供＝在地小首長との結合＝在地小首長に支配されている農民の労働力編成という論理のみでは理解できないことになる。

本節での検討からみれば次のように考えることができる。まず第一に、庄園は、一円化をともなう経営強化にあたり、それまで庄域に関わっていた在地の村落レベルの「社」に対して「奉神分」として一定の供出を行うとともに、庄域内で新たな「社」を設けて、独自の農耕儀礼を行うことを志向したものと考えられる。石粟庄や井山庄など貴・豪族の墾田にあって「土神分」と表現されているものは、開発前からその土地（庄域）に関わっていた在地の村落レベルの「社」に対する奉神分と理解することができる。その村落レベルの「社」では、毎年、田地経営に関わる成員を確認する意味をもって春時祭田のような農耕儀礼が行われていたと考えられ、独自の「社」の設定は、庄園独自の再生産システムを作り出す意味をもつものであったと思われる。

第二に、貴・豪族の大土地所有の場合、「土神」以外に、のちに延喜式内社となるような神に対する神田が設定されているのが特徴である。それは、庄域と地域的に密接な関係にもとづくものではあるが、庄域に直接に接するような関係ではなく、広く郡域を捉えた場合のものである。それは水利関係や在地勢力に対する配慮としての意味をもつものと考えられる。利波臣志留志や、主帳多治比部北里など郡司クラスの在地豪族の場合には、神祇をめぐって秩序が保たれるような政治的なシステムが存在していたのではないだろうか。それは村落レベルの「社」ではなく、それより上位の地域神のようなものと想定できる。そのような在地の豪族の政治的な秩序にのっとる形で中央貴族の地方における墾田所有が実現していたことが石粟庄の事例から確認できるところであろう。また、そのような在地の政治的な秩序において意味をもたされていた地域神は、その後神階を授与される対象となり、また式内社として把握され、国家による序列化・秩序化を受け、在地社会における独自の役割を失っていく時代的な方向性において評価する必要がある。

八世紀中頃までの地域社会には、生産上の共同関係を確認する農耕儀礼を行う村落レベルでの「社」と、在地の伝統的な豪族らの政治的秩序を維持するためのシステムとしての上位の地域神との、二つの異なるレベルの神が存在したということができる。

神仏習合の動きは、右の二つのレベルのうち、後者、すなわち、在地の豪族らの政治的秩序を担っていた地域神を捉えていったと考えることができるのではなかろうか。それは、前節で検討した多度神宮寺の事例から想定することができよう。では、そのような神仏習合の動きは、庄園においてはどのように展開していったのであろうか。

第三節　古代北陸庄園における仏教施設

八世紀末から九世紀にかけての庄園における神祇祭祀や仏教について具体的な様相を伝える史料はみられないが、近年の発掘成果のなかには、庄園遺跡における仏教施設の存在を伝えるものがある。ここでは、東大寺領横江庄遺跡と上荒屋遺跡を取り上げてみたい。

横江庄については、弘仁九年（八一八）三月二十七日「酒人内親王家施入状」(28)に、

献上

　大般若経一部〈六百巻〉

　金剛般若経一百部〈一千巻〉

　　在各錦帙

　厚見庄〈在美濃国厚見郡〉

　　墾田一百一十七町三百三十九歩

　横江庄〈在越前国賀加《（ママ）》郡〉

墾田一百八十六町五段二百歩
土井庄〈在㆓越後国古志郡㆒〉
墾田地二百町
熟田五十一町
未開地一百四十九町
仏御布施料銀香炉一具
御鉢料銀器八口
以前、故二品朝原内親王臨終遺訣称、恩徳極深、無㆑踰㆓天地㆒、泣㆑血傷㆑性、豈能得㆑報、冀春花粧野之節、奉㆓為　柏原聖霊㆒、転㆓読大般若経㆒、秋葉暎嶺之月、奉㆓為　尊堂㆒、披㆓読金剛般若経㆒、伏㆓報罔極之大恩㆒、薄㆓賽難報之深徳㆒、仍以㆓件田㆒、永納㆓東大寺二会料㆒者、今依㆓遺訣旨㆒、加㆓副所持十八種物装束一二種等㆒、献納如㆑件、
弘仁九年三月廿七日
二品酒人内親王

とあり、桓武皇女である朝原内親王の遺言に従って、その賜田を娘の酒人内親王が東大寺に施入したものの一つが横江庄であることがわかる。

横江庄遺跡と上荒屋遺跡の八世紀後半から九世紀にかけての様相を、要約する形で以下に整理することとする(29)。遺跡は、八世紀中葉から九世紀後葉の約一世紀間を七期に分けて把握されている。遺跡のおおよその状況を知るために、東大寺領横江庄段階である第四期の遺跡の状況を示したのが**図2**で

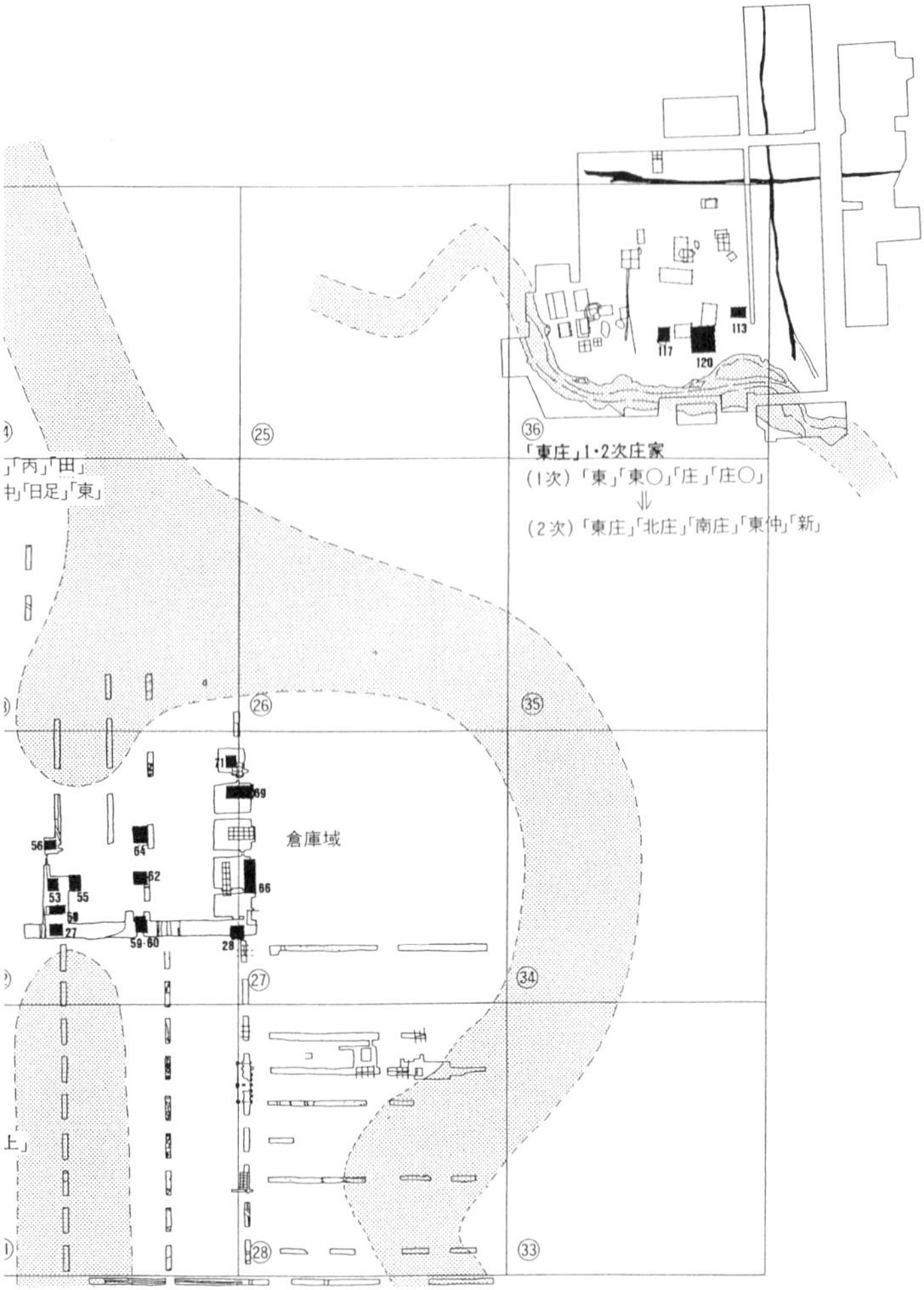

『東大寺領横江庄遺跡』Ⅱ、1996年）一部改変

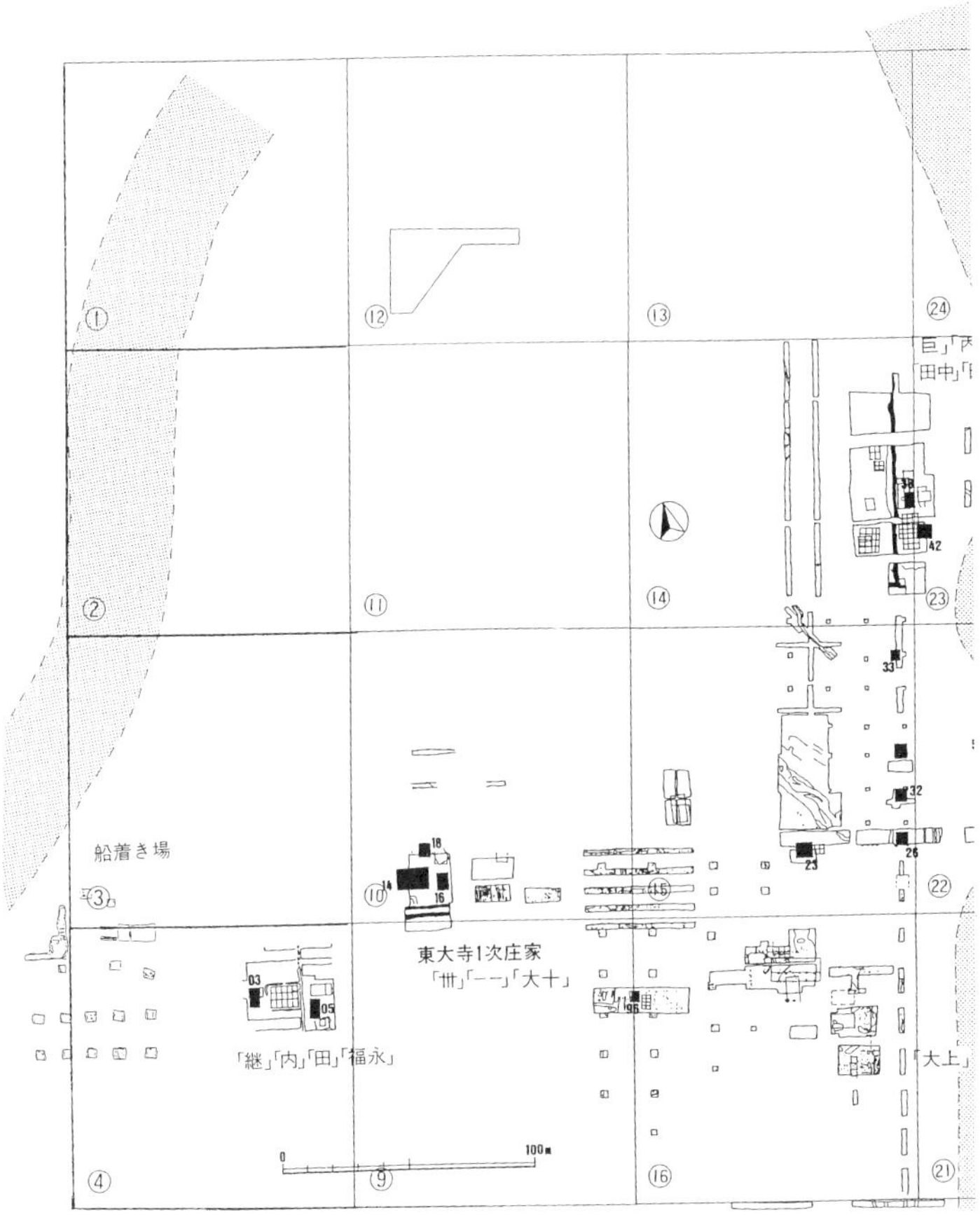

図2　横江庄遺跡第四期（石川県松任市教育委員会

ある。

第一期（八世紀中葉〜後葉）には、坪36の上荒屋遺跡のみが展開する。ＳＢ（掘立柱建物、以下同じ。）１２６（三間×二間）を主屋とし、屋一・倉二棟をもつもので、区画施設は存在せず、八世紀第４四半期には廃絶する。墨書土器には「田宮」「成女」「諸刀」がある。これは、在地農民の墾田開発の拠点と理解される。

第二期（八世紀第４四半期）も、坪36のみが展開し、ＳＢ１２８（五間×三間）を主屋とし付属棟をもつものであるが、墨書土器に「綾庄」「庄」「三宅」などがみられることから、「綾庄」第一次庄家と考えられている。ＳＢ１２８・１２７は次の第三期には、同じ位置関係で、廂を有するＳＢ１１０とＳＢ１１２に建て替えられており、建物としての継続性が認められている。畿内からの搬入土器が存在することから、中央との関係が想定されている。

第三期（東大寺施入前の九世紀初葉頃）には、坪36の他に、坪4が加わる。坪4は東側にＳＢ０１（五間×三間・廂）を主屋とした庄所があり、西側には船着き場を有している。墨書土器には、「三宅」「内」「門」がみられ、ここが朝原内親王に与えられた段階の庄所ではないかと考えられている。一方の坪36は、ＳＢ１１０（五間×三間・廂）を中心とした庄所であり、「庄」「宅」「東字」等の墨書土器が出土し、船着き場を有するようになるが、第二期からの継続性から、綾庄第二次庄家と捉えられている。この段階で、東西に同様の機能をもつ二つの庄所が存在することになったが、両者の関係は排他的なものではなく、「東字」墨書土器の存在などから、綾庄は朝原内親王家領の東の一画として存在するようになったものと考えられている。

第四期（八二〇～三〇年代）は、弘仁九年（八一八）の東大寺に施入後の横江庄の状況を示すものである。従来の坪4・36のほかに、坪10・14・15・16・22・23・27で確実に建物がともなうようになり、一定のプランによって配置された庄所・倉院・居住区・船着き場・祭祀場等を包括した広大な開発拠点が形成されている。続く第五期（八四〇年代～九世紀中葉）も同様の展開をみせ、第四・五期が横江庄遺跡の最盛期となる。

従来の朝原内親王賜田段階の庄所とみられた坪4では、主屋級建物が消え、居住区および船着き場としての機能が継続した。また人形・斎串等の祭具の出土から、祭祀場の存在が想定される。墨書土器には「継」「内」「田」「福」がみられる。坪10では、主屋級建物ＳＢ１４を中心とした建物群が出現し、ここが東大寺領段階の庄所であったと考えられている。墨書土器「卅」「一一」「大十」がみられる。また、北方の坪14・23は主屋級建物がみられず居住用建物を主体とする。墨書土器「巨」「内」「田」「田中」「日足」「東」がみられる。中央の坪15・22・27は倉庫が一定の間隔で並ぶ倉院で、十六棟以上の倉庫群が存在した。その南の坪16では倉庫一棟が検出されている。坪36では、主屋ＳＢ１２0（五間×二間・廂）を中心とした庄所が形成されており、船着き場も機能している。それまでの建物群が坪36の西半にあったのに対し、横江庄段階にいたって東半に移動しており、坪4から坪10への庄所の移動と同様に、経営主体が東大寺に移行したことにより庄所の再編成がみられたものと考えられている。また、多量の祭祀具も出土している。墨書土器は、その内容から「東」「東○」「庄」「庄○」段階から「東庄」「北庄」「南庄」「東仲」という新たな段階への変遷がみられるといい、「東庄」が圧倒的多数を占める。これにより、横江庄は、複数庄家設置にもとづく分割経営が行われていた可能性が指摘されている。また木簡は量的に減少しており、第五期に入って物資の集積機能が他の坪に移ったことが推定されている。第五期には、坪15・22・27に広がる倉庫群の西側で火災が確認され、それ以後再建されなかった。この火災を契機に東大寺による横江庄経営が撤退したのではないかと考えられている。

第六期（九世紀中葉～後葉の古い時期）には、坪36において、建物が坪の北東部分に移動するとともに、「東庄」墨書土器が減少し消滅していく。それは、東大寺による横江庄経営の放棄を前提としたものと考えられ、以後在地小村落として存続したものとみられる。また、以前の庄所とみられた坪4・10が解体し、かわって坪14・23で、建物群がみられはじめ、続く第七期（九世紀第4四半期）には、大型の総柱建物が建てられる。また坪28で、桁行七間以上の南北棟建物SB74や総柱建物がみられるようになり、第七期に継続する。

第七期にいたると、坪16で横江庄遺跡最大の規模の廂付き桁行七間以上の大型東西棟建物SB90が登場する。

横江庄遺跡の場合、第三期に坪4で遺構が確認されて以降、第四・五期にかけて遺構面が急激に拡大し、坪10（庄所）、坪15・22・27（倉庫群）を中心に展開するが、第六期を境に大きく変化、衰退し、かわって坪14・23、28、16の各ブロックで大型建物が出現するという経過をたどったということができる。

以上、上荒屋遺跡および横江庄遺跡の変遷についての概略を記したが、そのうち、祭祀や仏教施設に関わることに注目してみたい。

まず、はじめに、在地的墾田開発から賜田系庄園へ、そして寺領庄園へと三段階の展開を遂げ、その変遷を考古学的に確認できる唯一の事例とされる坪36の上荒屋遺跡についてみてみることにする。仏教関係のものとしては、ＳＤ４０・ＳＤ４３から瓦塔が出土している。年代については、技法的には、八世紀第３四半期から九世紀前半、供伴出土遺物の時期を考慮して九世紀前後と推定されている。廃棄時期自体は不明であるが、伝世期間を経て東庄最後の段階で廃棄されたものと推定されている。その他灯坏・水瓶・香炉蓋・鉄鉢・鉢などの遺物も存在する。墨書土器に「僧」「仏曹」がみられるのもそれとの関連で理解できよう。また、祭祀遺物として、斎串約九十本、人形四十点、馬形四点、舟形一点、魚形一点、鋤形二点、刀形一点、牛の左下顎骨が出土している。銅製祭祀具としては、素文鏡、鈴、瓔珞がみられる。これらの祭祀遺物の年代は、出土状況から八世紀後半から九世紀中葉のものと考えられている。斎串は、祓・井戸祭祀・地鎮などの祭祀の結界として、人形は罪・穢を祓い流す際に用いられ、そのための道具として馬方・舟形・魚形などが一連のものとして存在した。鋤形は、農耕関連の祭祀に用いられたであろうし、牛の骨は、雨乞などを目的とした漢神信仰、広義の農耕儀礼との関連で理解できよう。また、榊に結ぶ金属製祭祀具も供神に用いられたものと考えられている。神祇関係のものとしては、ＳＤ４０出土の43号木簡に「〈鴨御神『不』」とあるものが注目されるところである。

横江庄遺跡においては、坪16から、緑釉陶器の仏器セット（三足盤・鉄鉢・四足壺タガ・金属器写しの無高台碗）が出土している。それは山城産で、九世紀中葉のものとみられている。また同じ場所から油煙付着土器（灯明器・須恵器坏・土師器碗）が出土している。さらに、三彩浄瓶・小壺蓋・四足壺、須恵器鉄鉢と須恵製瓦塔が若干出土し、墨書土器「寺」がみられる。これらは仏教施設の存在を裏づけているものとみられ、時期的には、東大寺が横江庄から撤退した後の、九世紀後半代に使用されたものと考えられている。

九世紀後半に大型建物が確認できるようになる坪28においても、緑釉碗・皿・托・香炉蓋、灰釉碗・皿、青磁蓋、須恵器香炉蓋などが出土している。また同様に、坪14・23の西隣の土肥研磨地区から瓦塔、灰釉風字硯、皿が出土している。

祭祀具は、朝原内親王家段階での庄所と船着き場が存在した坪4において、呪符木簡や目、鼻、口、眉の書かれた人形、記載のない人形、斎串、刀形、箸などが出土しており、祭祀場が存在したものと考えられている。

以上の事例を、歴史的にいかに評価するかということであるが、まず上荒屋遺跡についてみてみたい。在地的な墾田開発の段階においては、宗教関連遺物は確認されず、「綾庄」段階にいたって、瓦塔や「僧」「仏曹」墨書土器がみられるようになる。それとともに、祭祀遺物も八世紀後半から九世紀中葉にかけてのものが出土する。「綾庄」段階の開発主体については、上荒屋遺跡の運河を遡ると約五キロで松任市末松廃寺遺跡にいたり、そこが道君氏の本貫地と目される場所であること、上荒屋遺跡から「道」墨書土器が出土することなどから、道君氏の出先の経営拠点であったものとする見解がある(30)。そうすると、そこにおける開発に際しては、前項の庄園内における神田の設置の検討からすると、その地域の神祇秩序に対する配慮がなされたであろうことが想定される。43号木簡に「鴨御神」の名が見えることはそれと関連すると考えられる。鴨御神については、のちの延喜式神名帳で加賀郡に「賀茂神社」がみられることからすれば、在地豪族のネットワークにもとづくものと評価することもできるが、また、開発の前提として庄域に関わって存在した在地神に対する神田が設定されていた可能性も考えることができる。いずれにせよ、在地の神祇秩序にもとづいた神田設定のあり方は、前節で確認した越中国の事例と同様のものであったと想定することができ、神祇祭祀は継続的にみられることを確認することができよう。また、そこでは、運河の開削にともなって、祓えの祭祀が行われ、また、犠牲をともなう祭儀も執行されていたことが推測され、おそらくは、庄園の耕作に従事する成員を確認する意味をもった春時祭田のような農耕儀礼も行われていたものと考えてよいであろう。

しかし、この段階では、そのような祭祀とともに、「仏曹」（仏堂）も存在していた可能性が高く、それは東大寺領横江庄の時期における「東庄」段階にまで引き継がれていたと考えられている。また、仏教施設のあり方に注目するならば、横江庄遺跡においては、東大寺の撤退後における在地勢力による再開発の段階において、その開発拠点とみられる建物群に附属する形で、瓦塔や仏具関連の遺物が出土している点に注目する必要がある。それは、そのような仏教施設を必要とし、開発拠点に仏教施設を備えた主体が、一貫して在地の勢力であり、在地の開発主体であった可能性を示すものといえるからである(31)。

上荒屋遺跡の場合、初期の在地的な墾田開発段階と、綾庄段階の最も大きな違いは、運河とそれにともなう船着き場の整備、すなわち交易・物流に関わる側面ではなかろうか。綾庄段階には、畿内地方からと推定される搬入土器がみられ、また付札木簡も、長岡京以降増加する051型式が主体とみられ、宮都との関連性を有して成立しているものと考えられている。そうするならば、それにともなう物と人との移動を管理する主体として、綾庄庄所が存在したことと仏堂の存在が関連するとはみられないだろうか。第一節でみた多度神宮寺の事例では、多度神宮寺において、地方を広域に移動する満願のような僧と、中央と地方を往還する官僧と、そのような官僧につながる私度沙弥の国境を越えた活動がリンクし、さらに俗人として、中央の王臣家、在地の有力者が資財を提供する形でリンクし、また私度沙弥による知識結によって在地の共同体の枠を越えた人々が関係していた。そのような、従来の地域秩序の枠にとらわれない、人々の自由な交通や交流を支える宗教的な拠点として、当時の仏教施設がもった意味を評価するならば、綾庄段階の上荒屋遺跡で仏堂が設定された意味もそれとの関連で理解できるように思う。

このような、在地の開発主体の仏教への関わりの前提として、この地域においては、三小牛ハバ遺跡[32]の存在が示唆的であると思う。三小牛ハバ遺跡は、伏見川（犀川と合流して日本海に注ぐ河川）が丘陵部から平野部に流れ出る境界に所在する、八世紀後半から十世紀初頭にかけての山岳寺院跡である。標高約一五〇メートルの谷あいの丘陵中腹にあり、東西・南北とも約一〇〇メートルの平坦面が作り出され、掘立柱建物跡十棟、竪穴状遺構四基、土坑一基などが検出され、墨書土器が七十二点確認されている。そのなかには、「三千寺」「寺」「沙弥」などと記されたものや「古万呂」「刀自女」など人名が記されたものが存在する。山岳寺院において、僧や沙弥、優婆塞・優婆夷が修行を行っていた様子を彷彿とさせるものといえる。この三小牛ハバ遺跡の西側平野部には、『日本霊異記』下―十四縁で、加賀郡の部内の山をめぐって修行していた優婆塞である京戸小野朝臣庭麿が浮浪人の長に捕らえられた御馬河里の比定地が所在し、この山岳寺院をめぐる環境が、説話の前提となっていると考えられることも興味深い。

　そして、その山岳寺院が造られた場所は、前節でみた越中国の場合などでは、庄川が平野部に流れ出るところに雄神神社があったように、のちに式内社とされていくような地域神が所在すべき場所であったといえる。加賀の場合には、そのような場所に八世紀中葉に山岳寺院が造られることにより、従来の地域神による在地の伝統的な豪族間の政治秩序に対して楔が打ち込まれ、多くの在地勢力による自由な開発が進展していったと考えることができるのではないだろうか。そしてその在地勢力は、仏教施設を開発・交易拠点に備えることで、従来の伝統的な豪族間の政治的秩序に対する自立的立場を表現し、人や物の独自な交通管理を行っていったものと捉えることができる。

　八世紀後半にみられる神仏習合には、多度神宮寺のように、地域神が神身離脱を願い仏教に帰依する形と、ここにみたように、地域神が占めていた平野と山野の境界の場に山岳寺院が建てられる形との二つがあったものと考えることができる。それは、また関東や北陸などそれぞれの自然環境の違いにもとづき、地域色をともなう様々なバリエーションが存在したものと想定できる。しかし、意味するところは、従来の在地において地域の神祇秩序をめぐって形づくられていた伝統的な在地豪族間の政治的秩序が無実化されていくことであり、新たな在地における政治的環境に正当性を付与したものが仏教であったということなのではないかと考える。そして、このような動向が、その後に地域神に対して神階が授けられ、また式内社として編成されて、国家的な管理下におかれ、地域における独自性を失っていく前提となったものといえよう。

　最後に、確認しておきたいことは、横江庄遺跡の事例において、東大寺が独自に庄域内に仏教施設を造立することがなかったのではないかとみられることである。それは、官僧が私的に道場を建ててはならないとする僧尼令における規範が生きていたことによるものではないかと思う。東大寺は、あくまでも在地勢力の協力のもとに、在地の地域秩序に従う形でしか経営を展開していなかったのではなかろうか。その点が、おそらく在地勢力との矛盾によって倉庫群が焼かれることにより、退転を余儀なくされていった背景になっているものと思われる。従来の古代の荘園についての研究は、主に東大寺領を素材として、十世紀以降に引き継がれていかないことによって初期荘園と名づけられているが、それは、僧尼令の規範にもとづく寺領独自の問題が前提となっている可能性があるといえよう。寺領以外の古代荘園研究が必要とされる所以はここにあると考えることができるのではなかろうか。

おわりに

本章での検討の結果を以下にまとめておきたい。

第一に、地方における神仏習合の事例を、多度神宮寺を素材としてみてみるならば、そこでは、全国を広域に移動する遊行僧と、在地出身の官僧の中央—地方間の交通と、その官僧につながる私度沙弥の国堺を越えた活動がリンクしており、そこに俗人として、中央の王臣家、在地の有力者が資財を提供する形でリンクし、また私度沙弥の知識結による国堺を越える範囲の人々が関係するというあり方が見出される。また、それは、農業・漁業という生業の枠組みを越えた多様な人々の信仰を集めた地域神としての神格において現出した事態であったこと。

第二に、八世紀中頃以降の在地社会の神祇祭祀のあり方を、東大寺領庄園関係の史料を素材に検討した。在地には、毎年の田地経営に関わる成員を確認するための春時祭田のような農耕儀礼を行う村落レベルの「社」と、郡司に代表される地方豪族間の政治的な秩序を維持する役割を担うような、より上位の地域神とが存在し、庄園関係の史料にみえる神田等の記載は、野地占定により成立したものも貴・豪族の墾田開発を経たものも、前者の村落レベルの「社」に対するものがみられることでは共通していた。その背景には、春時祭田条にみえるような、毎年の共同体成員を確認する意味をもつ農耕儀礼が行われていたことが想定できる。一方、貴・豪族の墾田開発を経たもののみにみられる特徴として、後者の地域神に対する神田の設置があることを確認した。それは、開発対象地に地理的に密接に関わる地域神に対するもので、在地の伝統的な豪族間の政治的な秩序に対して安定的な関係を維持するために行われたものであると考えられた。このような地域神は、神仏習合の場となった多度神に相当するものであり、それらの神社は、その後神階を授与される対象となり、また式内社として把握され、国家による序列化・秩序化を受け、その在地社会における独自の役割を失っていったものと考えることができる。

第三に、そのような在地社会に、仏教がどのように入っていったのかを、庄園遺跡における仏堂などのあり方を素材に検討した。そこでは、八世紀中葉以降、従来のちの式内社になるような地域神が占地していた平野と山岳との境界に、山岳寺院が造立されることを前提として、地域社会に仏教が浸透していく形がみられた。それは、この時期の神仏習合の一つの形であったと思われる。仏教施設をともなって開発を行った主体はあくまで在地勢力であり、従来の伝統的な豪族間の政治的秩序に拘束されない立場とその自立性を、仏教受容によって表明していた様子を看取することできた。彼らの新たな開発拠点の場は、広域な人と物との交通の場として設定されたものであり、そのような場に仏教施設が置かれたことは、広域にわたる人の交通を受け入れる場における思想として仏教が選びとられたことを示している。それは、従来の地域神による神祇秩序においては果たしえないものであった。このような意味において、俗人と私度を含む出家者の自由な交流が前提となって、仏教施設が地域社会における独自の位置を得たのが八世紀後半から九世紀にかけての時期であったといえる。そしてこのような地域社会における動向が、前章で検討したように、延暦期以後において、僧尼令の秩序に従う官僧と、その世界から排除されつつもその存在が社会的には容認される私度という国家による社会編成がとられるにいたった前提であったと考えることができよう。

註

（1）吉田晶『日本古代村落史序説』（塙書房、一九八〇年）、大町健『日本古代の国家と在地首長制』（校倉書房、一九八六年）。春時祭田条をめぐる古代の村落祭祀についての研究史については、小倉慈司「古代在地祭祀の再検討」（『ヒストリア』一四四号、一九九四年）が整理している。

（2）宮瀧交二「日本古代の村落と開発」（『歴史学研究』六三八号、一九九二年）。

（3）『平安遺文』二〇号。

（4）史料的な性格については、水谷梯二郎「多度神宮寺伽藍縁起幷資財帳考」（『三重の文化』一四号、一九五八年）、磯田信義「『多度神宮寺伽藍縁起幷資材帳』の史料的価値をめぐって」（『文化史学』三三号、一九七七年）、矢野健一「『多度神宮寺伽藍縁起幷資財帳』の史料的特質」（『地方史研究』一四七号、一九七七年）、湊敏郎「多度神社所蔵神宮寺資財帳について――僧綱之印を中心に――」（『仏教芸術』一四四号、一九八二年）、脊古真哉

「初期の神仏交渉について――多度神宮寺伽藍縁起幷資財帳をめぐって――」(『東海仏教』三五号、一九九〇年)。また、多度神宮寺と神仏習合については、吉田一彦「多度神宮寺と神仏習合――中国の神仏習合思想の受容をめぐって――」(梅村喬編『伊勢湾と古代の東海　古代王権と交流4』名著刊行会、一九九六年)がある。

(5) 薗田香融「草創期室生寺をめぐる僧侶の動向」(同『平安佛教の研究』法藏館、一九八一年)。

(6) 『続日本紀』天平宝字八年十月癸未条。

(7) 『続日本紀』宝亀二年閏三月戊子条。

(8) 高取正男「奈良・平安初期における官寺の教団と民間仏教」(同『民間信仰史の研究』法藏館、一九八二年)。

(9) 吉村武彦「初期庄園にみる労働力編成について――東大寺領越中・越前庄園から――」(同『日本古代の社会と国家』岩波書店、一九九六年)。

(10) 『大日本古文書』家わけ一八―二、二九五頁。

(11) 『大日本古文書』家わけ一八―四、東京大学史料編纂所編『日本荘園絵図聚影』一　上、東日本一(東京大学出版会、一九九五年)。

(12) 『大日本古文書』家わけ一八―二、三二一頁。

(13) 『大日本古文書』家わけ一八―二、三二三頁。

(14) 註(11)に同じ。

(15) 弥永貞三・亀田隆之・新井喜久夫「越中国東大寺領庄園絵図について」(『続日本紀研究』第五〇号別冊、一九五八年)、藤井一二「八世紀における非占定荘園の特質――東大寺領井山・石粟・杵名蛭荘――」(同『東大寺開田図の研究』塙書房、一九九七年)。

(16) 吉村武彦、註(9)前掲論文。

(17) 椯田庄の場合、第一図が存在し、庄域の西の堺に「社幷神田」の記載があり、四至記載から西は百姓口分が存在し隣接していることがわかる。

(18) 鹿田庄の比定地は、金田章裕「空間占拠と開拓――越中国射水郡東大寺開田地図――」(佐々木高明編『農耕の技術と文化』集英社、一九九三年)に従う。

(19) 藤井一二「荘園村落の構造と共同体」(同『初期荘園史の研究』塙書房、一九八六年)。
(20) 藤井一二「貴族の土地所有と官施入田地図――「越中国砺波郡石粟村官施入田地図」の歴史的性格――」(同『東大寺開田図の研究』塙書房、一九九七年)。
(21) 井山庄・伊加流伎庄・石粟庄の現地比定については、金田章裕・田島公「越中国砺波郡東大寺領荘園図――石粟村・伊加流伎(伊加留岐村)・井山村・杵名蛭村――」(金田章裕・石上英一・鎌田元一・栄原永遠男編『日本古代荘園図』東京大学出版会、一九九六年)に従う。
(22) 雄神神社の比定については、米沢康「越中国歌の「大野」について」(同『北陸古代の政治と社会』法政大学出版局、一九八九年)に詳しい。
(23) 天平宝字元年閏八月十一日「越前国司解」(『大日本古文書』二五―二一四頁)。
(24) 天平神護二年十月二十一日「越前国足羽郡道守村開田地図」(『大日本古文書』家わけ一八―四)。
(25) 天平宝字三年四月八日「生江息嶋解」(『大日本古文書』四―三五九頁)、天平宝字三年五月十日「越前国足羽郡下任道守徳太理啓」(『大日本古文書』四―三六四頁)など。
(26) 『富山県の地名』(平凡社、一九九四年)には、現福岡町赤丸に所在する浅井神社と、現高岡市石堤に所在する同名社が近世以来式内社をめぐる論社であったとしているが、両者の距離は約六〇〇メートル、ともに石粟庄とは遠距離に位置する。
(27) 吉村武彦、註(9)前掲論文。
(28) 『平安遺文』四五号。
(29) 横江庄遺跡と上荒屋遺跡については、松任市教育委員会・石川考古学研究会『東大寺領横江庄遺跡』(一九八三年)、石川県松任市教育委員会『東大寺領横江庄遺跡』Ⅱ(一九九六年)、金沢市教育委員会・上荒屋西部土地区画整理組合『東大寺領横江庄推定地　上荒屋遺跡(二)奈良・平安時代(一)』(一九九三年)を参照した。本章での記述の時期区分は、金沢市教育委員会・上荒屋西部土地区画整理組合『東大寺領横江庄推定地　上荒屋遺跡(二)奈良・平安時代(一)』(一九九三年)にもとづいて記述した。横江庄遺跡との時期の関係については、出越茂和「金沢平野における古代の荘園開発と神仏」(帝京大学山梨文化財研究所・古代考古学フォーラム実行委員会『古代考古学フォーラム二〇〇四「古代の社会と環境」開発と神仏との関わり資料集』、二〇〇四年）による。

（30）吉岡康暢「北陸の初期庄園遺跡と横江庄遺跡」（石川県松任市教育委員会『東大寺領横江庄遺跡』Ⅱ、一九九六年）、宇野隆夫『荘園の考古学』（青木書店、二〇〇一年）。

（31）宇野隆夫、註（30）前掲書は、上荒屋遺跡の瓦塔が在地有力層主導型である綾庄段階のものであり、東大寺領期にはこれを廃棄したことが宗教構造を考える手がかりとなるものと捉え、東大寺領横江庄期には、中枢部において仏教儀式、周辺部において神祇・道教的な祭祀を行ったものと理解し、周辺部の祭祀は境界祭祀の性格をもち、そこにみられる構造は律令国家の宗教体系の縮小版といえるとしているが、上荒屋遺跡における仏塔廃棄の時期や、横江庄遺跡における仏教施設の時期と意義づけに問題があるのではないかと考える。

（32）金沢市教育委員会『三小牛ハバ遺跡（金沢市文化財紀要一一二）』（一九九四年）。

第五章　日本古代における天命思想と仏教

――王土王民思想の成立をめぐって――

はじめに

王土王臣思想とは、『詩経』小雅・北山にみえる「溥天之下、莫レ非二王土一、率土之浜、莫レ非二王臣一。」という句をもとにしたもので、中国の天子の仁徳の及ぶ広がりが、国家の領域を越えて、夷狄を含む全世界を覆いつくすものであることを表現したものである。

この王土王臣思想のもとにあるのは天命思想である。天命思想とは、地上の本来の統治者は、宇宙の統治者である天帝すなわち昊天上帝であり、その昊天上帝から地上の統治を委任されるための命令（天命）を下されたものが、天子として地上を統治するという考え方である。天命を受け、天子となりうる条件は、その者に徳があることである。もし天子が徳を以って統治し、それが天帝の意思にかなうものであるならば、天帝は地上にめでたいしるしである祥瑞をもたらし、またもし天子に徳が欠け、その統治が天帝の意思に反するものであるならば、地上に災異がもたらされる。王土王臣思想は、この天命思想から派生したもので、地上のすべてのものは本来天帝のものであるから、したがってそれは統治を委任された天子のものであるとするものである（1）。

この観念は、「王臣」を「王民」に置き換えて、「土地も人間もすべては天皇の支配に属する」という王土王民思想として、日本にも受け入れられたものと考えられている。(2)

王土王民思想については、主に中世史の視点からの研究が積み重ねられてきている。戸田芳実氏は、王土王民思想は、古代国家を支える根本原理であったとしたうえで、勝尾山の行巡上人が空中に浮かぶことによって、王土の拘束から離れ、勅命に応じなかったという説話を取り上げ、それを、山林修行の聖たちにとって王土王民思想が第一義的な意味をもたなくなっていったことを示すものと捉え、そのことが護国の呪法としての古代仏教を克服し、中世仏教を生み出す地盤となったとした。またそれは、律令国家の土地国有制を否定する経済活動、すなわち開墾を中心として土地私有制を生み出し、経済関係から王土の土地国有制を崩壊させていく民衆や土豪の活動に対して、大きな思想的影響を与えたとしている。(3) これに対し石井進氏は、保元新制の「九州の地は一人の有つところなり。王命の外、何ぞ私威を施さん」という章句にみられる王土思想について、それが庄園・国衙の領域支配の成熟に対応して、院政時代になって表面化し、国制を基礎づける理念となったものと捉えた。(4) さらに河音能平氏は、律令制的公地公民イデオロギーとは天照大神の子孫たる「現神」(天皇)が「天の下」(大八州)の「公民」を無制限に支配するのを当然とする支配思想であって、王土思想としてはきわめてアンジッヒなものであるとし、その旧来の国家の支配秩序が否定されるなかで、それに対抗するフュアジッヒな支配思想として王土思想が形成されてきたと捉えたうえで、後三条天皇親政期に体制的に確立した一国平均役という新しい中世的租税を支えた理念こそ中世的王土思想であるとした。(5)

ついで、近年、村井章介氏は、従来の見解の整理を試みるとともに、次のように述べている。

八世紀以前の王土思想は、顕教としては、中国の王土王臣思想の影響を受けて際限なき「天下」「率土」への支配を揚言しつつ、密教としては、中国周辺の〈小中華〉にすぎないという日本の現実的な地位をふまえて、「天下」「率土」を「大八州」「くにのうち」とこっそり読みかえるものだった。これに対して、（中略）九世紀以降の王土思想は、天皇の絶対的支配のおよぶ範囲を、「食す国の内」「九州の内」「九州の地」という、日本国家の支配領域に明確に限定する用例が過半を占める。密教の場で語られていた「くにのうち」が顕教の世界に姿を現したのだ。

とし、このような変化は、日本の支配層が、「王土」を現実には閉じた空間としての「国土」にすぎないことを初めて対自的に意識化したという内容をもつものであり、その過程では、国の境の外に広がる空間を「王化」の対象から意識的に切り捨てること、いいかえれば〈小中華〉の自己否定がともなったものであるとした。そして、そのうえでその背景となる現実の歴史として九世紀における対新羅という対外関係の変化を重視し、そこに中世以降の日本の支配層の世界観の枠組みが成立したものと捉えている(6)。

以上のような従来の研究の視点は、王土王民思想を公地公民制を支える古代的なものと捉えるにせよ、中世の社会システムを支える理念と捉えるにせよ、中世の社会や思想の枠組みの成立をどの時点に求めるかということにあったといえる。しかし、古代社会の展開の過程のなかに、天命思想や王土王民思想を位置づけ直すという視点も必要であろう。

本章では、主に八世紀から九世紀にかけての天命思想および王土王民思想の展開過程を仏教との関係に注目して分析することとしたい。それにより、前章までで検討した、古代国家の社会編成にもとづく僧尼支配のあり方や、地域社会における神仏習合の展開の前提となる、思想的な展開のあり方を跡づけることを目的としたい。

第一節　律令国家の成立と天命思想

　律令国家の成立過程において、天命思想はどのような位置づけを与えられていたのであろうか。『日本書紀』には、大化以前の記事において、『詩経』小雅・北山にみえる「溥天之下、莫レ非二王土一、率土之浜、莫レ非二王臣一」という句よりなる王土王臣思想を借用した記述がいくつか確認できるが、そこにみられる「王臣」思想は、陸地の果てまで王の徳が及ぶところの人間という意味ではなく、「官司」「国造・稲置」「氏」等、王権に対する従属奉仕の関係にある政治的な存在を「王臣」と表現するものとしてみられる(7)。そのようななかで、王臣思想における「王の徳が及ぶところに存在する人間」という意味に対応したものの記述は、仏教に関わってみられ、仏の功徳が「普天の下」の「一切衆生」に及ぶとした記述にそれが表れていると考えられる(8)。また一方で、王土思想については、屯倉制を支える論理として借用されており(9)、大化以後のいわゆる「公地公民制」に関わる記述においては、王土思想は直接言及されていない。

　律令制による支配は、それまでの王権との個別的な政治関係にもとづく支配のあり方から、無主の民を含む存在全体を戸籍により「公民」として支配する体制へと移行することで成立するものであったが、そのような律令体制の成立過程において、天命思想はどのように語られ位置づけられていたのか、ということが問題となろう。その点を以下具体的に検討することとしたい。

大化元年（六四五）八月には、六月の蘇我氏滅亡のクーデターの後を受けて、使者を法興寺に派遣し、僧尼らに対して詔が伝えられた。それは、仏教伝来以来の歴史を語り、蘇我稲目・馬子らによる仏教信奉を受け継ぎ、「朕、更に復、正教を崇ち、大きなる猷を光し啓かむことを思ふ」として、天皇による仏教興隆の基本姿勢を打ち出すものであった。それとともに、衆僧を教導する十師が任命され、また天皇から伴造までの造寺を天皇が助けること、寺司・寺主を任命すること、諸寺の僧尼・奴婢・田畝を検校すること、法頭を任命することが述べられた(10)。

その前提として重要であると思われることに、『日本書紀』皇極天皇元年（六四二）七月から八月にかけての祈雨の記事がある。七月戊寅条には、

群臣相語之曰、随二村々祝部所教一、或殺二牛馬一、祭二諸社神一。或頻移レ市。或禱二河伯一。既無二所効一。
蘇我大臣報曰、可下於二寺々一転中読大乗経典上。悔過如二仏所レ説、敬而祈レ雨。

とあり、殺牛祭祀や市を移すなど、主に中国から伝わったと思われる習俗に従った祭祀による祈雨のききめがなく、蘇我馬子が仏教による祈雨を行うことになった。ここでは、本来の神祇信仰について、記述の対象から除外されていることに注意しておきたい。続いて同月庚辰条には、

於二大寺南庭一。厳二仏菩薩像与二四天王像一、屈二請衆僧一、読二大雲経等一。于時、蘇我大臣、手執二香鑪一、
焼レ香発レ願。

とあり、百済大寺の南庭において、大雲経の読誦による祈雨の行法が行われたが、その結果は「微雨」だけのものであった(11)。それ故、壬午条では「不レ能レ祈レ雨、故停二読経一」としている。そして、

その事態を受けて、八月甲申朔条では、

> 天皇幸二南淵河上一、跪拝二四方一、仰レ天而祈。即雷大雨。遂雨五日。溥潤二天下一。〈或本云、五日連雨、九穀登熟。〉於是、天下百姓、倶称万歳曰、至徳天皇。

とみえている。天皇が四方を拝し、天に祈ったところ、大雨がもたらされ、「溥く天下」を潤した。それは、天皇の「至徳」によるものだという。これは、先に挙げられた諸信仰を凌ぐものとして、天皇の事績が語られたものである。

　ここでは、それまでどのような方法によってももたらされなかった雨が、徳のある天皇の祈りに天が感応することによってのみもたらされたとして、天皇の権威が天命思想にもとづいて絶対化された。その絶対化された天皇が、従来の蘇我氏に代わって、仏教を興隆させる主体としての名のりを行ったのが、大化元年八月の詔であるということになろう。

　それ以後、国土観との関連で注目されるのは、やはり斉明朝にみられる須弥山石のもとにおける、異民族の饗応記事であろう。斉明天皇三年（六五七）七月には須弥山の像を飛鳥寺の西に作り、盂蘭盆会を設け、暮に覩貨邏人に饗を行っており[12]、斉明天皇五年三月には、甘檮丘の東の川上に須弥山を造って、陸奥と越との蝦夷に饗を行っている[13]。さらに斉明天皇六年五月には、石上池の辺に須弥山を造り、粛慎四十七人に饗を行っている[14]。

　須弥山とは、仏教的な宇宙観で、その宇宙の中心をなす巨大な山であるが、その仏教的世界の広がりを、「王土」に擬し、その下で異民族を饗応することで、日本における王土王臣思想の具現化が眼にみえる形で行われたものと考えることができる。

しかし、天武朝になると、異民族饗応の場は「飛鳥寺の西の槻の下」へと変化する。『日本書紀』天武天皇六年（六七七）二月条に、「是月、饗多禰嶋人等於飛鳥寺西槻下。」とあるのをはじめとして、以後持統朝にかけて確認できる。[15] そして、斉明朝にみられた須弥山の下における異民族饗応はみられなくなるのである。飛鳥寺の西の槻の下については、和田萃氏が「槻の巨樹は斎槻と観念され、その下は神マツリを行う斎庭（清められた神聖な場所）であった」と指摘している。[16] そうすると、天武朝にいたって、王土思想を具現化するために、須弥山世界という仏教的世界観を持ち出すことは放棄され、神マツリの場が持ち出されてきたということになる。

その背景の一つには、第一章で検討したように、天武朝において、天皇が出家得度の許可の主体となり、また受戒の場や戒師を国家が管理する体制がとられるにいたり、出家および受戒の人数枠を、天皇が与える形で管理して、出家者集団を階梯的秩序のもと身分的に支配する体制がとられるにいたったことがあると考えられる。

また、一方では神祇の位置づけの問題があろう。そこで、八世紀初頭における皇孫思想と天命思想および神祇との関係についての検討を行うこととしたい。

日本古代の天命思想について検討を行った早川庄八氏は、八世紀の日本においては、在来の皇孫思想や天神地祇と、外来の天命思想や仏教とが混在し、矛盾や対立なく共存していることを指摘し、天命思想が皇孫思想を否定する論理とはなっておらず、それを矮小化された天命思想の受容として捉えている。[17] 早川氏のいう皇孫思想とは、文武天皇元年（六九七）八月の文武即位宣命に述べられる次のようなものである。

（前後略）高天原に事始めて、遠天皇祖の御世、中・今に至るまでに、天皇が御子のあれ坐さむいや継々に、大八嶋国知らさむ次と、天つ神の御子ながらも、天に坐す神の依し奉りし随に、この天津日嗣高御座の業と、現御神と大八嶋国知らしめす倭根子天皇命の、授け賜ひ負せ賜ふ貴き高き広き厚き大命を受け賜り恐み坐して、この食国天下を調へ賜ひ平げ賜ひ、天下の公民を恵び賜ひ撫で賜はむとなも、神ながら思しめさくと詔りたまふ。(18)

これは、高天原に始まり、代々の天皇を経て今日にいたるまで、天皇の子孫が生まれるに従って継承してきた大八嶋国統治の順序として、天つ神の御子のまま天に坐す神の委任に従い、天つ日嗣高御座の業（天皇位）を継承せよという持統の命に従って、食国天下をととのえ、天下公民を恵もうとするというもので、このような記紀の天孫降臨神話にもとづく皇統一種の思想を、皇孫思想と捉えている。

その一方で、文武朝には天命思想もみられる。『続日本紀』慶雲二年（七〇五）四月壬子条には、

詔曰。朕以二菲薄之躬一。託二于王公之上一。不レ能下徳感二上天一。仁及中黎庶上。遂令二陰陽錯謬一。水旱失レ時。年穀不レ登。民多二菜色一。毎レ念二於此一。惻二怛於心一。宜レ令下五大寺読二金光明経一。為上レ救二民苦一。天下諸国。勿レ収二今年挙税之利一。幷減二庸半一。

とあり、天皇の徳が上天と相感することができないために、自然の恵みがもたらされないというもので、天命思想そのものといえるであろう。このような天命思想は、元明の即位宣命のなかに、「この重位に継ぎ坐すことをなも、天地の心を労しみ重しみ畏み坐さく(19)」というように、「天地の心」という形で受容されていることは、早川氏のすでに指摘するところである。

この「天地の心」がどのように理解されていたのかについては、『続日本紀』和銅元年（七〇八）正月乙巳条の和銅改元の詔が参考になる。

（前後略）①高天原ゆ天降り坐しし天皇が御世を始めて、中・今に至るまでに、天皇が御世御世、天つ日嗣高御座に坐して治め賜ひ慈しび賜ひ来る食国天下の業となも、神ながら念し行さくと詔りたまふ命を衆聞きたまへと宣る。②如是治め賜ひ慈しび賜ひ来る天つ日嗣の業と、今皇朕御世に当りて坐せば、天地の心を労しみ重しみ辱み恐み坐すに、聞し看す食国の中の東の方武蔵国に、自然に作成れる和銅出で在りと奏して献れり。③此の物は、天に坐す神・地に坐す祇の相うづない奉り福はへ奉る事に依りて、顕しく出でたる宝に在るらしとなも、神ながら念し行す。④是を以て、天地の神の顕し奉れる瑞宝に依りて、御世の年号改め賜ひ換へ賜はくと詔りたまふ命を衆聞きたまへと宣る。

①は皇孫思想であり、②は天命思想であることは先に述べた通りである。そのうえで、③では、武蔵国から出た和銅について、「天に坐す神」「地に坐す祇」が時の政治をよいものと祝福してもたらされたものであるとしている。そして④において、それを「天地の神」のもたらした瑞宝であるといいかえている。これは、天帝の意思を示す「天地の心」と、天神・地祇を示す「天地の神」とが、「天地」という語を媒介として結びつけられていることを示すものであろう。このような認識は、『続日本紀』霊亀元年（七一五）六月壬戌・癸亥条の旱の際の対処法に表れてくる。

壬戌。太政官奏。懸像失レ度。亢旱弥レ旬。恐東皐不レ耕。南畝損レ稼。昔者周王遇レ旱。有二雲漢之詩一。漢帝祈レ雨。興二改元之詔一。人君之願。載感二上天一。請奉二幣帛一。祈二於諸社一。使二民有レ年。誰知二尭力一。

癸亥。（中略）詔。遣レ使奉二幣帛于諸社一。祈二雨于名山大川一。於レ是未レ経二数日一。澍雨滂沱。時人以為。聖徳感通所レ致焉。因賜二百官人禄一各有レ差。

ここでは、周王や漢帝の故事を引いたうえで、「人君の願、すなわち上天を感ぜしむ」とし、そのうえで、太政官が諸社に奉幣することを求めている。そして、詔して諸社奉幣と名山大川への祈雨を行い、結果、雨を得、時の人は「聖徳感通して致せるなり」と思ったとしている。これは、天皇の願が、神祇を媒介として、上天と相感する関係にあるとの認識を示すものであろう。この点に、八世紀初頭の天命思想の受容の特徴を捉えたいと思う。先に触れた皇極天皇元年の祈雨の記事において、一般的な神祇信仰が除外されて記されていたことは、この点に関わるものと思われる。また、天武・持統朝において異民族饗応が「飛鳥寺の西の槻の下」という、神マツリの場で行われるようになった背景も、天命思想と神祇との右のような関係の認識の成立を示すものとして捉えることができるであろう。

以後、祥瑞については、「天地の貺施」[20]「天の貺」[21]「天地の霊貺」[22]と述べられるが、天平三年（七三一）十二月の神馬出現に際しては「宗廟の輸す所、社稷の貺ふ所」[23]とし、皇祖の霊や国家を守護する神々によってもたらされたものと述べられるようになる。天平期以降、天命思想をめぐる上天と神祇と天皇という、前述の枠組みに変化が起きてくるのではないだろうか。その点について次節において検討を試みたい。

第二節　天平期以後の天命思想と仏教

天平十三年（七四一）の国分寺建立の詔[24]は次のような文章によりなっている。

詔曰。①朕以二薄徳一。忝承二重任一。未レ弘二政化一。寤寐多慚。古之明主。皆能二光業一。国泰人楽。災除福至。修二何政化一。能臻二此道一。頃者年穀不レ豊。疫癘頻至。慚懼交集。唯労罪レ己。②是以広為二蒼生一。遍求二景福一。故前年馳レ駅増二-飾天下神宮一。去歳普令下天下造二釈迦牟尼仏尊像高一丈六尺者各一鋪一。幷写中大般若経各一部上。③自二今春一已来。至二于秋稼一。風雨順レ序。五穀豊穣。此乃徴レ誠啓レ願。霊貺如レ答。載惶載懼。無二以自寧一。④案レ経云。若有国土講三-宣-読-誦。恭二-敬-供-養。流四-通此経王一者。我等四王。常来擁護。一切災障。皆使二消殄一。憂愁疾疫。亦令二除差一。所願遂レ心。恒生二歓喜一者。宜レ令下天下諸国各令敬二-造七重塔一区一。幷写中金光明最勝王経・妙法蓮華経一部上。朕又別擬。写二金字金光明最勝王経一。毎レ塔各令レ置二一部一。所レ冀。聖法之盛。与二天地一而永流。擁護之恩。被二幽明一而恒満。其造塔之寺。兼為二国華一。必択二好処一。実可二長久一。近レ人則不レ欲二薫臭所一レ及。遠レ人則不レ欲二労レ衆帰集一。国司等。各宜下務存二厳飾一。兼尽中潔清上。近感二諸天一。庶二-幾臨護一。布二-告遐邇一。令レ知二朕意一。（後略）

国分寺建立が命じられるのは、④の部分であるが、その前提として①②③がある。①では、自らの不徳が不作や疫癘の原因であることを述べ、②で、天下の神宮を増飾したこと、また釈迦牟尼仏の造像と大般若経書写を諸国で行わせたことを述べ、③で、それによって風雨順序、五穀豊穣という「霊貺」がもたらされたことを述べている。これは、神社修造と造像・写経という事業に天が感応したという、天命思想にもとづく記述である。ここでは、神社修造という、神祇に対する事業とならび、仏教事業が天と感応する要素として挙げられていることを確認しておきたい。

そのうえで、④において国分寺建立が命ぜられるのであるが、それは金光明最勝王経の「若し有らん国土に、この経王を講宣読誦し、恭敬供養し、流通せむときには、我ら四王、常に来りて擁護せむ。一切の災障も皆消殄せしめむ。憂愁・疾病をも亦除差せしめむ。所願心に遂げて、恒に歓喜を生ぜしめむ」という文章にもとづくものである。ここで注意したいのは、仏教の守護神としての四天王が、災異を除去する主体として登場していることである。それは、天命思想における上帝とは別の存在である。それに続いて、国分寺建立が命じられた後、「近く諸天に感け、臨護を庶幾」うことが述べられる。ここでは、国分寺建立事業が、諸天、すなわち仏教を守護する神々に感応することによって、国土が擁護されることを求めている。国分寺建立詔の画期性は、国土に生起する災異について、天とは異なるもう一つの感応の主体が見出されたことに求めることができると思う。

そのうえで出されたのが、天平十五年（七四三）の大仏発願の詔[25]である。そこには、

詔曰。朕以二薄徳一。恭承二大位一。志存二兼済一。勤撫二人物一。雖三率土之浜已霑二仁恕一。而普天之下未レ浴二法恩一。誠欲下頼二三宝之威霊一。乾坤相泰。修二万代之福業一。動植咸栄上。粤以下天平十五年歳次癸未十月十五日上。発二菩薩大願一。奉レ造二盧舎那仏金銅像一軀一。尽二国銅一而鎔レ象。削二大山一以構レ堂。広及二法界一。為二朕知識一、遂使下同蒙二利益一共致中菩提上。夫有二天下之富一者朕也。有二天下之勢一者朕也。以二此富勢一造二此尊像一。（後略）

とある。ここでは、王土王臣思想を表す「溥天之下、莫レ非二王土一、率土之浜、莫レ非二王臣一」という言葉を借りて、「率土の浜、仁恕に霑うといえども、普天の下、未だ法恩に浴せず」としている。この世界に、天皇の仁徳は行きわたっているが、いまだ仏恩は行きわたっていないという。先にみた、天命思想にもとづく天皇の仁徳の世界は充足されているが、仏教を守護する神々である諸天を感応させるところの仏教的な世界はいまだ充足されていないという認識が確認できる。天命思想にもとづいて天下の富勢を保つ天皇がそれを知識の先頭に立って実践しようというのである。

この認識は、陸奥国からの黄金献上に際しての、天平勝宝元年（七四九）の詔にいたって「三宝の奴」という形で明確化される。『続日本紀』天平勝宝元年四月甲午条には、天皇が北面して盧舎那仏像に対面したとしたうえで、次のように記されている。

①三宝の奴と仕へ奉る天皇が命らまと盧舎那の像の大前に奏し賜へと奏さく、此の大倭国は天地開闢けてより以来に、黄金は人国より献ることはあれども、斯の地には無き物と念へるに、聞こし看す食国の中の東の方陸奥国守従五位上百済王敬福い、部内の少田郡に黄金在りと奏して献れり。此を聞きたまへ、驚き悦び貴び念はくは、盧舎那仏の慈び賜ひ福はへ賜ふ物にありと念へ、受け賜はり恐り、戴き持ち、百官人等を率ゐて礼拝み仕へ奉る事を、挂けまくも畏き三宝の太前に、恐み恐みも奏し賜はくと奏すとまうす。②従三位中務卿石上朝臣乙麻呂宣らく、現神と御宇倭根子天皇が詔旨らまと宣りたまふ大命を、親王・諸王・諸臣・百官人等、天下公民、衆聞きたまへと宣る。高天原ゆ天降り坐しし天皇が御世を始めて、中・今に至るまでに、天皇が御世御世、天日嗣高御座に坐して治め賜ひ恵び来る食国天下の業となも、神ながらも念し行さくと宣りたま

ふ大命を、衆聞きたまへと宣る。③かく治め賜ひ恵び賜ひ来る天日嗣の業と、今皇朕が御世に当りて坐せば、天地の心を労しみ重しみ辱み恐み坐すに、聞こしめす食国の東の方陸奥国の小田郡に金出でたりと奏して進れり。④此を念せば、種々の法の中には、仏の大御言し国家護るがたには勝れたりと聞こし召して、食国天下の諸国に最勝王経を坐せ、盧舎那仏化り奉るとして天に坐す神・地に坐す祇を祈禱り奉り、挂けまくも畏き遠き我が皇天皇が御世を始めて拝み仕へ奉り衆人をいざなひ率ゐて仕へ奉る心は、禍息みて善くなり危き変りて全く平がむと念ひて仕へ奉る間に、衆人は成らじかと疑ひ、朕は金少けむと念し憂へつつ在るに、三宝の勝れて神しき大御言の験を蒙り、天に坐す神・地に坐す神の相うづなひ奉りさきはへ奉り、また天皇が御霊たちの恵び賜ひ撫で賜ふ事に依りて顕し示し給ふ物に在るらしと念し召せば、（後略）

①では、陸奥国の黄金が、「盧舎那仏の慈び賜ひ福はへ賜ふ物」であるという認識がみられる。天命思想における天帝に相当するものに盧舎那仏が充てられ、それによって黄金がもたらされたと考えていることがわかる。それ故、天命思想における天帝と皇帝の関係を擬して、蓮華蔵世界における盧舎那仏と天皇の関係を表現するために、天皇は、北面し、「三宝の奴」と表明する必要があったのであろう。②と③では、従来からの皇孫思想や「天地の心を労しみ重しみ」というように、天命思想にもとづく天皇のあり方が表明されてはいるが、ここでは、④以下の文章が中心的な位置を占める。そこでは、国家を護るには種々の法のうち仏教が最も勝れているとの認識のもと、知識を率引して仏に仕奉してきたのは、「禍息みて善くなり危き変りて全く平がむ」と念じてのことであるとしたうえで、黄金が出現したのは、「三宝の勝れて神しき大御言の験」を蒙り、それを天神地祇が祝福し、祖先の

天皇の御霊が恵み撫でたまうことにより可能となったものとしている。天神地祇と祖先の天皇霊により支えられる、天命思想とは別の仏教的世界によって黄金はもたらされたのである。

　聖武天皇の出家は、その仏教的世界に仕奉する存在としての自己の位置づけに関わるものであろう。皇位は、皇孫思想を前提とした天命思想にもとづくものであり、それとは別の仏教的世界に仕奉することにより、盧舎那仏からの命を受ける存在として自己を位置づけた聖武は、出家しなければならず、また譲位する必要があったものとみることができる[26]。

　従来の天命思想の枠組みにおいて、天帝と天皇とを媒介するものとして位置づけられていた天神地祇は、もう一つの感応する主体たる仏教的な世界の出現によって、自己の位置づけに揺らぎが生じることになったものと考えることができる。そこで現れたのが、神仏習合の動きであるといえる。それは、仏教的な世界における天神地祇の新たな位置づけの営みとして歴史的に位置づけることができる。

　国分寺建立や、大仏建立事業に対応して出てくるのが八幡神である。国分寺建立の詔の発布直後の『続日本紀』天平十三年閏三月甲戌条に「奉二八幡神宮秘錦冠一頭。金字最勝王経。法華経各一部。度者十人。封戸。馬五疋。又令レ造二三重塔一区。賽二宿禱一也。」とみえる。これは、前年十月の藤原広嗣の乱の鎮定を、八幡神へ祈請したことへの報賽として行われたものとしているが、その内容は、国分寺建立の詔で表明された金光明最勝王経にもとづく仏教の諸天の感応する世界と、その世界の具象化のために行われた国分寺建立事業のなかに、八幡神が包摂されたことを意味するものであろう。それが最勝王経・法華経・度者・三重塔を備える神宮寺という形で実現されたのである。

　大仏造営に際しては、八幡神が東大寺に米を奉納することによって、聖武が主導した知識に参加した。(27) さらに天平勝宝元年には、陸奥国の黄金出現の後を受けて、十一月十九日に託宣して京に向かい、十二月十八日には京に入り、二十七日には、八幡大神の禰宜尼大神杜女が東大寺を拝し、孝謙天皇・聖武太上天皇・光明皇太后も行幸し、百官と諸氏人が参列するなかで、僧五千人を請じて礼仏読経が行われ、大唐・渤海・呉の楽、五節田舞、久米舞がなされたうえで、八幡大神に一品、比咩神に二品の神階が贈られた。(28) その時の詔は、

> 天皇が御命に坐せ、申し賜ふと申さく。去にし辰年河内国大県郡の知識寺に坐す盧舎那仏を礼み奉りて、則ち朕も造り奉らむと思へども、え為さざりし間に、豊前国宇佐郡に坐す広幡の八幡大神に申し賜へ、勅りたまはく、神我天神・地祇を率ゐいざなひて必ず成し奉らむ。事立つに有らず、銅の湯を水と成し、我が身を草木土に交へて障る事無くなさむと勅り賜ひながら成りぬれば、歓しみ貴みなも念ひたまふる。然れば、猶止む事得ずして、恐けれども、御冠献る事を恐みも恐みも申し賜はくと申すとのたまふ。

というものであり、八幡神が「天神・地祇を率ゐいざなひて」大仏建立を成就させようとする託宣があり、それが実現したということを述べている。このことは、この八幡神の動きが、天神地祇全体の位置づけに関わるものとして認識されていることを示すものである。それは、天命思想とは別の感応の主体としての仏教的世界に天神地祇が奉仕する存在であることを、八幡神を通じて表明したものであると捉えることができる。この枠組みは、皇祖神としての伊勢神宮にも神宮寺の建立をもたらし、それは『続日本紀』天平神護二年（七六六）七月丙子条に「遣㆑使造㆓丈六仏像於伊勢大神宮寺㆒」とみえることで確認できる。このような神祇の位置づけの変化が、第四章で考察した、八世紀中葉以降

における各地の神仏習合の動きの思想的前提であったと考えることができよう。

続く孝謙天皇は、このような事態をどのように受けとめたのであろうか。大炊王立太子に関わる記述を『続日本紀』天平宝字元年（七五七）四月辛巳条にみてみることとする。

（前後略）廃レ此立二大炊王一。躬自乞二三宝一。祷二神明一。政之善悪。願示二徴験一。於レ是。三月廿日戊辰。朕之住屋承塵帳裏。現二天下太平之字一。灼然昭著。斯乃上天所レ祐。神明所レ標。遠覧二上古一。歴検二往事一。書籍所レ未レ載。前代所レ未レ聞。方知。仏法僧宝。先記二国家太平一。天地諸神。預示二宗社永固一。戴二此休符一。誠嘉誠躍。其不孝之子。慈父難レ矜。無礼之臣。聖主猶棄。宜下従レ天廃却還中本色上。亦由二王公等尽レ忠匡弼一。感二此貴瑞一。豈朕一人所レ応二能致一。宜下与二王公士庶一共奉二天貺一。以答二上玄一。洗二滌旧瑕一。遍蒙中新福上。可レ大二赦天下一。

道祖王を廃し、大炊王を立太子しようとする時に、政の善悪と徴験が示されることを願って、三宝に乞い、神明に祷った結果、天下太平の字が現れたという。それについて、「上天の祐ける所、神明の標す所なり」とし、また「仏法僧宝、先ず国家の太平を記し、天地の諸神、預め宗社の永固を示す」ものとしている。ここでは、天帝の意思、仏法僧宝、神明あるいは天地の諸神がともに、大炊王立太子を認めるしるしを示したものとして捉えている。しかし、後半では、それを「王公士庶とともに天貺を奉り、以って上玄に答へむ」として、天帝からの賜りものとして捉えることになっている。これは、皇位を決定する根拠が最終的には天帝の意思によるという認識を前提とするものであろう。仏教や神祇は強く意識されながらも、皇位の究極的な根拠として、天命思想が位置づけられていることを確認することができる。

しかし、重祚後の称徳天皇には、聖武天皇の際にみられた、天命思想とは別の感応する主体としての仏教的世界が再び現れてくる。それは称徳が出家をしたこと、また道鏡政権という状況下での皇統の危機と表裏の関係にある。『続日本紀』天平神護二年十月壬寅条には、

奉レ請二隅寺毘沙門像所レ現舎利於法花寺一。（中略）詔曰。今勅りたまはく、上無き仏の御法は、至誠の心を以て拝み尊び献れば、必ず異に奇しき験をあらはし授け賜ふ物にいましけり、（後略）

とあり、舎利の出現に際し、無上の仏法が、至誠の心に感応し、奇瑞をもたらすものと捉えられている。また、神護景雲元年（七六七）八月癸巳条の神護景雲改元の詔には、

（前後略）然るに朕が念し行さく、如是く大きに貴く奇しく異に在る大き瑞は、聖の皇が御世に至れる徳に感でて天地の示現し賜ふ物となも常も聞し行す。是れ豈敢へて朕が徳い天地の御心を感動しまつるべき事は无しとなも念し行す。然るに此は大御神の宮の上に示現し給ふ。故、尚是は大神の慈び示し給へる物なり。また掛けまくも畏き御世御世の先の皇が御霊の助け給ひ慈び給へる物なり。復、去にし正月に二七日の間諸の大寺の大法師等を請せ奉らへて最勝王経を講読せしめまつり、また吉祥天の悔過を仕へ奉らしむるに諸の大法師等が理の如く勤めて坐さひ、また諸の臣等の天下の政事を理に合へて奉仕るに依りてし三宝も諸天も天地の神たちも共に示現し賜へる奇しく貴き大き瑞の雲に在るらしとなも念し行す。

とあり、瑞雲出現に際し、「朕が徳い天地の御心を感動しまつるべき事は无しとなも念し行す」と、天人感応を否定している。天命思想の回路を断つことによって、瑞雲は、御世御世の天皇霊、そして三宝・諸天（仏教の守護神）および天地の神（天神地祇）によってもたらされたものと捉えられること

になる。さらに、『続日本紀』神護景雲三年十月乙未条では、皇位を求める行為について、
　夫れ君の位は願ひ求むるを以て得る事は甚難しと云ふ言をば皆知りて在れども、先の人は謀をぢなし、我は能くつよく謀りて必ず得てむと念ひて種々に願ひ禱れども、猶諸聖、天神・地祇の御霊の免し給はず授け給はぬ物に在れば、自然に人も申し顕し、己が口を以ても云ひつ、変へりて身を滅し災を蒙りて終に罪を己も他も同じく致しつ。茲に因りて、天地を恨み君臣をも怨みぬ。猶心を改めて直く浄く在らば、天地も憎みたまはず君も捨て給はずして福を蒙り身も安けむ。
と述べている。ここでは、皇位が、「諸聖、天神・地祇の御霊」のゆるし給うものとして捉えられている。従来、皇位の究極的な根拠が天帝の意思に求められていたのに対し、先の神護景雲改元の詔のように、天命思想の回路を断つことによって、皇位も諸聖や天神・地祇の御霊によって根拠づけられるものとなったのである(29)。
　さらに『続日本紀』宝亀元年（七七〇）七月乙亥条では、
　勅曰。朕荷負重任。履レ薄臨レ深。上不レ能先レ天奉レ時。下不レ能養レ民如レ子。常有レ慙レ徳。実无レ栄レ心。撤レ膳菲レ躬。日慎二一日。禁殺之令立レ国。宥罪之典班レ朝。而猶疫気損レ生。変異驚レ物。永言疚レ懐。不レ知レ所レ措。唯有仏出世遺教応感。苦是必脱。災則能除。故仰彼覚風。払斯祲霧。謹於京内諸大小寺。始レ自今月十七日。七日之間。屈請緇徒。転読大般若経。因レ此。智恵之力忽壊邪嶺。慈悲之雲永覆普天。既往幽魂通上下以証覚。来今顕識及尊卑而同栄。
（後略）
とあり、称徳が「上は天に先だちて時に奉ふること能はず、下は民を養ひて子の如くすること能は

ず」と前置きしている。これは、天意に仕えることもできず、民を養うこともできないというように、自己の不徳を責める形式をとりつつも、そのことにより逆に、天命思想の回路を閉ざそうとするものである。そのうえで、疫気や変異が満ちている現状に対し、仏教の感応によって災異が除かれることを期待するのである。それにもとづいて行われたのが、ここでの大般若経転読であり、それによって、慈悲の雲が「普天」を覆い、「既往の幽魂」が上下ともに成仏することなどが求められている。

右のように天命思想の回路を断つことで、仏教的世界における感応が期待されていることを確認することができるが、そこでは、仏教的世界における諸天・諸聖や、天神地祇などの神祇、それに御世御世の天皇霊などが、天に代わる意味をもたされることになった。それは、皇位の根拠をも含めた意味においてである。そこで現れたのが、道鏡の即位をめぐる問題であったと思われる。道鏡は、宇佐八幡の託宣に皇位の根拠を求めようとして画策したわけであるが、それは和気清麻呂らによって阻まれた。この道鏡の行為の背景には、天神地祇の意思も皇位の根拠となりうるという認識があったものと思う。

道鏡政権崩壊の後を受けた光仁即位以後、皇統の危機をもたらした原因を排除する意味をもって、天に代わる感応の主体としての仏教的世界は否定される。そこでは再び天命思想が皇位を支える論理の基軸として位置づけ直される。それが最も明確に表明されたのが、桓武の郊天祭祀であった。『続日本紀』延暦四年（七八五）十一月壬寅条に「祀天神於交野柏原。賽宿禱也。」とみえ、『続日本紀』延暦六年十一月甲寅条に「祀天神於交野。」とあり、再度にわたって長岡京の南の河内国交野郡柏原の地で天神を祀っている。

その際仏教は、どのように位置づけられたのであろうか。『続日本紀』宝亀十一年正月丙戌条には次のようにある。

詔曰。朕以。仁王御レ暦法日恒澄。仏子弘レ猷恵風長扇。遂使二人天合応邦家保安。幽顕致レ和鬼神無レ爽。頃者。彼蒼告レ譴災集二伽藍一。眷二言于茲一。情深悚悼。於二朕不徳一雖レ近二此尤一。於二彼桑門一寧亦無レ愧。如聞。緇侶行事与レ俗不レ別。上違二无上之慈教一。下犯二有国之道憲一。僧綱率而正レ之。孰其不レ正乎。又諸国国師。諸寺鎮三綱。及受二講復一者。不レ顧二罪福一。専事二請託一。員復居多。侵損不レ少。如レ斯等類。不レ可二更然一。宜下修二護国之正法一。以弘中転禍之勝縁上。凡厥梵衆。知二朕意一焉。

ここでは、王の果たすべき役割と、僧侶が果たすべき役割とが対句の形で表明されている。王が暦を統御することで、人と天が合応し国家が安寧となり、仏弟子が仏道を弘めることで、幽界と顕界が調和して、鬼神が調和を乱すことがなくなる。現在、災いが伽藍に集中していることは、天皇の不徳によるとともに、僧侶の行いにも問題が多いからであるとし、それを改めるよう求めている。ここでは、天命思想にもとづいて徳をもって支配する天皇と、鬼神の跳梁を防ぐため幽界と顕界との調和を図る役割を担う僧侶という役割の分担がみえている。天からの意思としての災異とともに、ここでは鬼神の跳梁する独自の空間が措定されているといえる。それは、聖武天皇以降、感応の主体としての仏教的世界が措定されたこと、また、称徳朝に天命思想の回路が閉じられることでもたらされた思想空間を前提とするものである。天命思想の回路が断たれることによってもたらされたのは、仏教の諸天、天神地祇の御霊、御世御世の天皇霊によって護られる空間であった。それは同時に「亡魂」や

「鬼神」の跳梁する場の出現でもあったといえる。そこに仏教や僧侶の役割が期待されたのである。

以上のような検討結果は、八世紀から九世紀初頭にかけての、疫病の流行に対する対処法などの問題と密接に関わっているはずである。次節において検討を試みることとしたい。

第三節　病への対処法とその背景

1　八世紀における病に対する対処法の変化——「災異」としての病から排除可能な病へ

八世紀の初めから延暦年間までの、天皇等の病に対する対処法を、整理したものが表1であり、同時期の疫病関連の記事を集めたものが表2である。

表1から検討することとするが、まず八世紀中葉までの様相をみてみたい。表1をみると、天皇等王権を構成する者が病となった場合の対処法の基本が大赦であったことがみてとれる（1・2・3・5・8・11・13・15・17・21・22・23・26・27・28・30）。その背景には、天命思想があり、天皇の病は、天皇の不徳を責めた天帝からもたらされた「災異」として捉えられていたと考えることができ、それ故対処法として大赦という徳政が行われたものとみることができる。それは天皇の身うちにも及ぶものであった。同様の意味をもったものとして、病者への湯薬の給付や高年・鰥寡孤独への賑恤（8・14・15・17・24・28・30・32）を位置づけることができる。

神祇関係では、賀茂・松尾社（18）、八幡神社（19・32）、伊勢大神宮（29・31・33）への奉幣と天神地祇の祭祀（35）、諸山陵への奉幣（12・28）がみられる。

表1　八世紀初めから延暦年間までの天皇等の病と対処法

	年月日	人物	対処法	出典
1	大宝二年(七〇二)十二月乙巳	持統太上天皇	大赦・一百人得度・四畿内で金光明経講説。	『続紀』
2	養老二年(七一八)十二月丙寅	元明太上天皇	大赦。	『続紀』
3	養老五年(七二一)五月己酉	元明太上天皇	大赦。	『続紀』
4	養老五年(七二一)五月壬子	元明太上天皇	浄行男女一百人の得度。	『続紀』
5	養老五年(七二一)十二月戊寅	元明太上天皇	大赦・都下諸寺での転経。	『続紀』
6	神亀三年(七二六)六月辛酉	元正太上天皇	天下諸国放生。	『続紀』
7	神亀三年(七二六)六月丁卯	元正太上天皇	僧二十八人、尼二人の得度。	『続紀』
8	神亀三年(七二六)七月癸巳	元正太上天皇	大赦・病者への湯薬の給付。	『続紀』
9	神亀三年(七二六)七月甲午	元正太上天皇	僧十五人、尼七人の得度。	『続紀』
10	神亀三年(七二六)八月癸丑	元正太上天皇	釈迦像造像・法華経書写とその薬師寺での供養。	『続紀』
11	神亀五年(七二八)八月甲申	皇太子(某王)	観世音菩薩像一七七軀の造像・観世音経一七七巻の書写と礼仏転経および行道。大赦。	『続紀』
12	神亀五年(七二八)八月丙戌	皇太子(某王)	諸陵への遣使奉幣。	『続紀』
13	天平五年(七三三)五月辛卯	皇后(光明子)	大赦。	『続紀』
14	天平八年(七三六)七月辛卯	元正太上天皇	一百人の得度。都下四大寺での七日行道。百姓僧尼の病者への湯薬・食粮給付。高年への穀給付。鰥寡孤独以下への賑恤。	『続紀』
15	天平十一年(七三九)二月戊子	皇后(光明子)	大赦。自存不能者への賑恤。	『続紀』
16	天平十七年(七四五)九月己巳	聖武天皇	殺生禁断。	『続紀』
17	天平十七年(七四五)九月辛未	聖武天皇	大赦。高年・鰥寡・病者への賑恤。	『続紀』
18	天平十七年(七四五)九月癸酉	聖武天皇	京師・畿内諸寺、名山・浄処で薬師悔過。賀茂・松尾社等への奉幣・祈禱。放生。三千八百人の得度。	『続紀』
19	天平十七年(七四五)九月甲戌	聖武天皇	八幡神社への奉幣。京師・諸国での大般若経一百部書写。薬師仏七軀造像。薬師経七巻書写。	『続紀』

20	天平十七年(七四五)九月丁丑	聖武天皇	中宮で僧六百人を請じて大般若経読誦。	『続紀』
21	天平十九年(七四七)正月丁丑	聖武天皇	大赦。	『続紀』
22	天平十九年(七四七)十二月乙卯	元正太上天皇	大赦。	『続紀』
23	天平勝宝三年(七五一)十月壬申	聖武太上天皇	新薬師寺で続命之法により設斎行道。大赦。	『続紀』
24	天平勝宝四年(七五二)正月辛巳	聖武太上天皇	殺生禁断。鰥寡以下に賑恤。	『続紀』
25	天平勝宝四年(七五二)正月己丑	聖武太上天皇	僧九百五十人・尼五十人の得度。	『続紀』
26	天平勝宝五年(七五三)四月丙戌	皇太后(光明子)	大赦。	『続紀』
27	天平勝宝六年(七五四)七月丙午	太皇太后(宮子)	大赦。僧一百人・尼七人の得度。	『続紀』
28	天平勝宝七歳(七五五)十月丙午	聖武太上天皇	大赦。鰥寡以下への賑恤・湯薬の給付。殺生禁断。山科・大内東西・安古・真弓・奈保山東西等山陵および太政大臣墓への奉幣祈禱。	『続紀』
29	天平勝宝七歳(七五五)十一月丁巳	聖武太上天皇	伊勢大神宮への奉幣。	『続紀』
30	天平勝宝八歳(七五六)四月丁酉	聖武太上天皇	大赦。鰥寡以下への賑恤。	『続紀』
31	天平勝宝八歳(七五六)四月乙巳	聖武太上天皇	伊勢大神宮への奉幣。	『続紀』
32	天平勝宝八歳(七五六)四月壬子	聖武太上天皇	左右京畿内の病者への救療。八幡大神宮への奉幣。	『続紀』
33	天平勝宝八歳(七五六)五月乙卯	聖武太上天皇	伊勢大神宮への奉幣。免田租。	『続紀』
34	天平宝字二年(七五八)七月甲戌	皇太后(光明子)	殺生禁断。放賤従良(宮奴婢・紫微中台奴婢)。	『続紀』
35	天平宝字四年(七六〇)三月甲戌	皇太后(光明子)	天神地祇を祝部等が祭る。大神宮禰宜から諸社祝部までに叙爵。	『続紀』
36	天平宝字四年(七六〇)閏四月壬午	皇太后(光明子)	宮中での大般若経転読。	『続紀』
37	天平宝字四年(七六〇)閏四月丁亥	皇太后(光明子)	五大寺に雑薬・蜜を施す。	『続紀』
38	宝亀元年(七七〇)二月丙辰	称徳天皇	破却した西大寺東塔心礎を浄地に移す。	『続紀』
39	宝亀八年(七七七)十二月壬寅	皇太子(山部)	五畿内諸社への奉幣。	『続紀』
40	宝亀八年(七七七)十二月乙巳	皇太子(山部)	井上内親王を改葬し、その墳を御墓と称す。	『続紀』
41	宝亀九年(七七八)三月丙寅	皇太子(山部)	東大・西大・西隆寺での誦経。	『続紀』

42	宝亀九年（七七八）三月己巳	皇太子（山部）	淡路親王（淳仁）の墓を山陵と称し、先妣当麻氏（山背）の墓を御墓と称す。	『続紀』
43	宝亀九年（七七八）三月庚午	皇太子（山部）	大赦。三十人の得度。	『続紀』
44	宝亀九年（七七八）三月癸酉	皇太子（山部）	大祓。伊勢大神宮および天下諸神への奉幣。畿内諸堺での疫神祭。	『続紀』
45	天応元年（七八一）三月甲申	光仁天皇	大赦。	『続紀』
46	天応元年（七八一）四月己丑	光仁天皇	固関。	『続紀』
47	天応元年（七八一）十二月甲辰	光仁太上天皇	大赦。	『続紀』
48	延暦八年（七八九）十二月庚寅	中宮（高野新笠）	畿内七道諸寺で一七箇日大般若経読誦。	『続紀』
49	延暦九年（七九〇）閏三月丙子	皇后（藤原乙牟漏）	二百人の得度。左右京畿内で高年・鰥寡・病者に賑恤。	『続紀』
50	延暦九年（七九〇）九月丙寅	皇太子（安殿）	京下七寺で誦経。	『続紀』
51	延暦十年（七九一）十月甲寅	皇太子（安殿）	伊勢大神宮への祈禱。	『続紀』
52	延暦十一年（七九二）六月戊子	皇太子（安殿）	畿内名神への奉幣。	『日本紀略』
53	延暦十一年（七九二）六月癸巳	皇太子（安殿）	病の原因が崇道天皇の祟りと卜される。淡路に遣使しその霊に謝す。	『日本紀略』
54	延暦十一年（七九二）六月庚子	皇太子（安殿）	崇道天皇の塚の下に隍を置き、濫穢させないことを命ず。	『類聚国史』
55	延暦二十三年（八〇四）十二月丙寅	桓武天皇	平城七大寺に綿を賜い誦経。旧都の飢乏者に賑恤。	『後紀』
56	延暦二十三年（八〇四）十二月丁卯	桓武天皇	大赦。	『後紀』
57	延暦二十四年（八〇五）正月甲申	桓武天皇	崇道天皇のために淡路国に寺を建つ。擯出された違法僧で悔い改めた者の本寺居住を許可。諸国諸寺塔修理を命ず。	『後紀』
58	延暦二十四年（八〇五）二月丙午	桓武天皇	宮中・春宮坊で大般若経読誦。一小倉を霊安寺に建て、稲、調庸綿等を納め、神霊の怨魂を慰める。	『後紀』

59	延暦二十四年（八〇五）二月庚戌	桓武天皇	山城に移した石上神宮の神宝の兵器を、神の願いにより返し収める。	『後紀』
60	延暦二十四年（八〇五）二月己未	桓武天皇	諸国国分寺で薬師悔過を行う。	『後紀』
61	延暦二十四年（八〇五）三月丙申	桓武天皇	大赦。	『後紀』
62	延暦二十四年（八〇五）四月甲辰	桓武天皇	崇道天皇のために諸国に小倉を建て正税稲を納める。国忌・奉幣の例に入れ、怨霊に謝す。	『後紀』
63	延暦二十四年（八〇五）四月庚戌	桓武天皇	改葬崇道天皇司を任ず。	『後紀』
64	延暦二十四年（八〇五）五月己卯	桓武天皇	紀伊国伊都郡に聴福を遣して三重塔を建つ。	『後紀』
65	延暦二十四年（八〇五）九月壬午	桓武天皇	最澄に殿上において毘盧遮那法を行わせる。	『後紀』
66	延暦二十四年（八〇五）十月庚申	桓武天皇	崇道天皇のために一切経書写。書生に叙位・得度。	『後紀』
67	延暦二十四年（八〇五）十月癸亥	桓武天皇	前殿に読経三日。	『後紀』
68	延暦二十四年（八〇五）十二月癸卯	桓武天皇	淡路国の浪人の当年の調庸を免ず。	『後紀』
69	大同元年（八〇六）二月丁巳	桓武天皇	五百井女王が薬師仏造像、法華経書写。前殿に設斎。	『後紀』
70	大同元年（八〇六）三月辛巳	桓武天皇	延暦四年の種継暗殺に関わって配流された者を本位に叙す。崇道天皇のために諸国国分寺で春秋に金剛般若経を読誦。	『後紀』

また、仏教関係では、得度および受戒の賜与（1・4・7・9・14・18・25・27）、造像・写経（10・11・19）、経典の講説や読誦（1・5・11・14・20・36）、および薬師悔過（18）や続命之法（23）の修法がみられる。

一方、表2をみると、諸国にわたる疫病流行に際しては、八世紀初頭には、大儺（5）や大祓（6）がみられるものの、基本は、徳政と神祇への奉幣祈禱および経典の講説・読誦によるもので、天皇の病の場合と同様である。これは、疫病が天からもたらされる「災異」として捉えられていたことを表している。徳政としては、大赦（14・19）、医薬給付や賑恤・賑給（1・2・4・7・8・9・

12・17・19・24・25・26）、租税免除（13・16・21）、巡問民苦（10・24）を挙げることができる。神祇に対しては奉幣祈禱（3・7・12・17）や祝部等への叙爵（21）がみえている。また仏教関係では、諸寺での読経（7）、大般若経や最勝王経の転読（11・18・20・22）、得度の賜与（22）が行われている。その他のものとしては、道饗祭祀（12）がみえている。

神祇については、天皇の願が神祇を媒介として、上天と相感する関係にあるとする認識が存在したことについては、前節で述べた通りである。では、仏教はどのように位置づけられていたのであろうか。

災異と仏教との関係については、神亀年間の災異に対する記述が参考になる。『続日本紀』神亀二年（七二五）閏正月壬寅条には、「請二僧六百人於宮中一。読二誦大般若経一。為レ除二災異一。」とみえ、また『続日本紀』同年七月戊戌条では、「除レ冤祈レ祥。必憑二幽冥一。」としたうえで、諸国の神社の清掃と奉幣を行い、また同時に「諸寺院限。勤加二掃浄一。仍令下僧尼読中金光明経上。若無二此経一者。便転二最勝王経一。令下国家平安上也。」としており、国家平安のために諸寺で金光明経もしくは最勝王経の転読が行われている。また『続日本紀』同年九月壬寅条には、

詔曰。朕聞。古先哲王。君二臨寰宇一。順二両儀一以亭毒。叶二四序一而斉成。陰陽和而風雨節。災害除以休徴臻。故能騰レ茂飛レ英。鬱為二称首一。朕以二寡薄一。嗣二膺景図一。戦々兢々。夕惕若厲。懼二一物之失一レ所。睠二懐生之便安一。教命不レ明。至誠無レ感。天示二星異一。地顕二動震一。仰惟。災眚責深在レ予。昔殷宗脩レ徳。消二雊雉之冤一。宋景行レ仁。弭二熒惑之異一。遥瞻二前軌一。寧忘二誠惶一。宜レ令下二所司一。三千人出家入道。并左右京及大倭国部内諸寺。始二今月廿三日一七日転経上。憑二此冥福一。

冀除二災異一焉。

とみえている。神亀二年の段階で、「教命明らかならず、至誠感ずること無く」としたうえで、星の異変や地震による災異を除くために、宮中での大般若経転読や三千人の得度、左右京・大和国の諸寺における読経が行われている。さらに、『続日本紀』神亀四年二月辛酉条では、「請二僧六百、尼三百於中宮一、令レ転二読金剛般若経一。為レ銷二災異一也。」とある。このように、神亀年間にいたって、災異を除くための方法として、大般若経・金光明経・最勝王経・金剛般若経の転読や出家がみられるようになるのである。天命思想を前提とし、その教命が不明な場合に、仏教の功徳による除災が求められていることがわかる。

八世紀中葉にいたるまでは、天皇の病も、諸国に蔓延する疫病も、ともに天からもたらされる災異として受けとめられ、それに対する対処法が両者とも大枠において共通する形でなされていたと捉えることができる。

しかし、八世紀中葉以降になると、対処法に変化がみられるようになる。表2の疫病関係記事をみてみると、宝亀元年（七七〇）以降、宝亀年間に疫神祭祀が頻繁に確認できるようになる。疫神祭祀は、京師（30）、畿内（30・36・37・38）および諸国（32・33）で行われている。疫神祭祀は、疫病の原因となる疫気を境界において排除することを目的とするものであるが、それと対応して、仏教に関しても、「一七日読二経於天下諸国一。攘二疫気一也。」（34）とする記述がみえている。

このような変化の前提として、前節で指摘した、天平期の国分寺建立に始まる仏教政策の展開のなかで、天命思想にもとづく天とは異なるもう一つの感応の主体たる仏教的な世界が見出されていったことが存在すると考える。そこで注目したいのが、『続日本紀』天平宝字二年（七五八）八月丁巳条である。

勅。大史奏云。案九宮経。来年己亥。当会三合。其経云。三合之歳。有水旱疾疫之災。如聞。摩訶般若波羅蜜多者。是諸仏之母也。四句偈等受持読誦。得福徳聚不可思量。是以。天子念。則兵革災害不入国裏。庶人念。則疾疫癘鬼不入家中。断悪獲祥。莫過於此。宜告天下諸国。莫論男女老少。起坐行歩口閑。皆尽念誦摩訶般若波羅蜜。其文武百官人等。向朝赴司。道路之上。毎日常念。勿空往来。庶使風雨随時。咸無水旱之厄。寒温調気。悉免疾疫之災。普告遐邇。知朕意焉。

ここでは、来る年が三合にあたり、水旱疾疫の災いが予告されたのを受けて、摩訶般若波羅蜜を「天子がこれを念ずれば、則ち兵革災害を国裏に入れず、庶人がこれを念ずれば、則ち疾疫癘鬼を家中に入れ」ない功徳があるものとして、その念誦が天下の人々全員に勧められている。兵革災害や疾病癘鬼を国土や家中に入れないという考え方が受け入れられていることは、それが排除可能なものとしてイメージされていることを示す。このことは、災異を天から与えられるものとして捉える天命思想とは異なる、もう一つの仏教的世界の存在を前提としていると考えることができる。

前節では、称徳朝以降、天命思想の回路を断つことで、諸聖や天神・地祇の御霊、あるいは御世御世の天皇霊が主体性をもって語られはじめるとともに、亡魂や疫気や鬼神といったものが跳梁する思想空間が生まれてきたことを指摘した。またその後を受けた光仁朝以降、感応の主体としての仏教的世界は否定され、皇位を支えるものとして天命思想が再び強調され、それが桓武の天神祭祀につながっていくこと、また、一方で、鬼神の跳梁する思想空間自体は否定されることなく、仏教の僧侶が調和を整える役割をもつ対象として存在し続けていったことなどを指摘した。

宝亀年間の疫神祭祀のあり方は、天からもたらされる「災異」として疫病を捉えるのではなく、「疾疫癘鬼」が国や家に侵入することにより発生するという病の認識にもとづくもので、それは鬼神の跳梁する思想空間を前提とするものであるといえる。そして、それは第三章で指摘した、延暦期以降の僧尼に対する社会編成、すなわち僧尼令の規範から外れる修行者を、畿内からさらには寺や法会の場から排除するような空間的社会編成の思想的前提として捉えることもできる。

また、**表1**をみると、天皇の病についても怨魂や怨霊のはたらきによるとする認識が目立ちはじめる。宝亀年間にいたると、宝亀八年（七七七）から九年にかけての皇太子山部親王の病に際して、井上内親王を改葬して御墓と称したり（40）、淡路親王の墓を山陵と称し、先妣当麻氏の墓を御墓と称しているのがみえる（42）。これらは、病の原因が井上内親王や淡路親王らの祟りによるとみなされたことが、背景となっているのであろう。宝亀年間以降、怨霊によって祟られる存在としての天皇の身体という構図が表れてくる。それは延暦年間の安殿親王や桓武天皇に対する早良親王による祟りという形で、強烈に意識されていく。

早良親王は崇道天皇号を追号されるが[30]、延暦二十四年（八〇五）から翌大同元年にかけての桓武天皇の病に際しては、崇道天皇に対する一連の処置がとられている。淡路国に寺を建て（57）、その寺に一つの小倉を建てて、稲・調庸綿などを納めて「神霊の怨魂」を慰め（58）、また諸国に小倉を建てて正税稲を納めるとともに、国忌・奉幣の例に入れて「怨霊」に謝し（62）、一切経を書写し（66）、

表2　八世紀初めから延暦年間までの疫病記事
（※複数の諸国にわたる疫病記事に限定し、一国のみの疫病記事については除いている。）

	年月日	記事	出典
1	慶雲二年（七〇五）是歳条	是年。諸国廿飢疫。並加医薬賑恤之。	『続紀』
2	慶雲三年（七〇六）閏正月庚戌条	京畿及紀伊・因幡・参河・駿河等国並疫。給医薬療之。	『続紀』
3	慶雲三年（七〇六）閏正月乙丑条	勅。令禱祈神祇。由天下疫病也。	『続紀』
4	慶雲三年（七〇六）四月壬寅条	河内・出雲・備前・安芸・淡路・讃岐・伊予等国飢疫。遣使賑恤之。	『続紀』
5	慶雲三年（七〇六）是歳条	是年。天下諸国疫疾。百姓多死。始作土牛大儺。	『続紀』
6	慶雲四年（七〇七）二月乙亥条	因諸国疫。遣使大祓。	『続紀』
7	慶雲四年（七〇七）四月丙申条	天下疫飢。詔加賑恤。但丹波・出雲・石見三国尤甚。奉幣帛於諸社。又令京畿及諸国寺読経焉。	『続紀』
8	神亀三年（七二六）六月庚申条	詔曰。夫百姓或染沈痼病。経年未愈。或亦得重病。昼夜辛苦。朕為父母。何不憐愍。宜遣医薬於左右京・四畿及六道諸国。救療此類。咸得安寧。依病軽重。賜穀賑恤。所司存懐。勉称朕心焉。	『続紀』
9	天平五年（七三三）是歳条	是年。左右京及諸国飢疫者衆。並加賑貸。	『続紀』
10	天平六年（七三四）四月壬子条	遣使於京及畿内。問百姓所疾苦。詔曰。比日。天地之災。有異於常。思。朕撫育之化。於汝百姓有所闕失歟。今故。発遣使者。問其疾苦。宜知朕意焉。	『続紀』
11	天平七年（七三五）五月己卯条	於宮中及大安・薬師・元興・興福四寺。転読大般若経。為消除災害。安寧国家也。	『続紀』
12	天平七年（七三五）八月乙未条	勅曰。如聞。比日。大宰府疫死者多。思欲救療疫気。以済民命。是以。奉幣彼部神祇。為民禱祈焉。又府大寺及別国諸寺。読金剛般若経。仍遣使賑給疫民。幷加湯薬。又其長門以還諸国守。若介。専斎戒。道饗祭祀。	『続紀』
13	天平七年（七三五）八月丙午条	大宰府言。管内諸国。疫瘡大発。百姓悉臥。今年之間。欲停貢調。許之。	『続紀』
14	天平七年（七三五）閏十一月戊戌条	詔。以災変数見。疫癘不已。大赦天下。（後略）	『続紀』

15	天平七年(七三五)是歳条	是歳。年頗不稔。自夏至冬。天下患豌豆瘡。〈俗曰裳瘡。〉夭死者多。	『続紀』
16	天平八年(七三六)十月戊辰条	詔曰。如聞。比年。大宰所管諸国。公事稍繁。労役不少。加以。去冬疫瘡。男女惣困。農事有廃。五穀不饒。宜免今年田租。令続民命。	『続紀』
17	天平九年(七三七)四月癸亥条	大宰管内諸国。疫瘡時行。百姓多死。詔。奉幣於部内諸社以祈禱焉。又賑恤貧疫之家。幷給湯薬療之。	『続紀』
18	天平九年(七三七)五月甲戌条	請僧六百人。于宮中。令読大般若経焉。	『続紀』
19	天平九年(七三七)五月壬辰条	詔曰。四月以来。疫旱並行。田苗燋萎。由是。祈禱山川。奠祭神祇。未得効験。至今猶苦。朕以不徳。実致茲災。思布寛仁。以救民患。宜令国郡審録冤獄。掩骼埋胔。禁酒断屠。高年之徒。鰥寡惸独。及京内僧尼男女臥疾。不能自存者。量加賑給。又普賜文武職事以上物。大赦天下。(後略)	『続紀』
20	天平九年(七三七)八月癸卯条	令四畿内二監及七道諸国。僧尼清浄沐浴。一月之内二三度。令読最勝王経。又月六斎日。禁断殺生。	『続紀』
21	天平九年(七三七)八月甲寅条	詔曰。朕。君臨宇内。稍歴多年。而風化猶擁。黎庶未安。通旦忘寐。憂労在茲。又自春已来。災気遽発。天下百姓。死亡実多。百官人等。闕卒不少。良由朕之不徳。致此災殃。仰天慙惶。不敢寧処。故可優復百姓使得存済。免天下今年租賦及百姓宿負公私稲。公稲限八年以前。私稲七年以前。其在諸国。能起風雨。為国家有験神。未預幣帛者。悉入供幣之例。賜大宮主・御巫・坐摩御巫・生嶋御巫及諸神祝部等爵。	『続紀』
22	天平九年(七三七)八月丙辰条	為天下太平。国土安寧。於宮中一十五処。請僧七百人。令転大般若経。最勝王経。度四百人。四畿内七道諸国五百七十八人。	『続紀』
23	天平九年(七三七)是歳条	是年春。疫瘡大発。初自筑紫来。経夏渉秋。公卿以下天下百姓。相継没死。不可勝計。近代以来。未之有也。	『続紀』
24	天平宝字二年(七五八)正月戊寅条	又詔曰。朕聞。則天施化。聖主遺章。順月宣風。先王嘉令。故能二儀無愆。四時和協。休気布於率土。仁寿致於群生。今者。三陽既建。万物初萌。和景惟新。人宜納慶。是以。別使八道。巡問民苦。務恤貧病。矜救飢寒。所冀。撫字之道。将神合仁。亭育之慈。与天通事。疾疫咸却。年穀必成。家無寒窶之憂。国有来蘇之楽。所司宜知差清平使。勉加賑恤。称朕意焉。	『続紀』

25	天平宝字四年(七六〇)三月丁亥条	上野国飢。賑給之。伊勢・近江・美濃・若狭・伯耆・石見・播磨・備中・備後・安芸・周防・紀伊・淡路・讃岐・伊予等一十五国疫。賑給之。	『続紀』
26	天平宝字四年(七六〇)五月戊申条	勅。如聞。頃者。疾疫流行。黎元飢苦。宜天下高年。鰥寡孤独。廃疾及臥疫病者。量加賑恤。当道巡察使与国司。親問患苦賑給。若巡察使已過之処者。国司専当賑給。務従恩旨。	『続紀』
27	天平宝字七年(七六三)九月庚子条	勅曰。疫死多数。水旱不時。神火屢至。徒損官物。此者。国郡司等不恭於国神之咎也。又一旬亢旱。致无水苦。数日霖雨。抱流亡嗟。此者。国郡司等使民失時。不修堤堰之過也。自今已後。若有此色。自目已上宜悉遷替。(後略)	『続紀』
28	天平宝字八年(七六四)八月己巳条	山陽・南海二道諸国旱疫。	『続紀』
29	天平神護元年(七六五)正月己亥条	改元天平神護。勅曰。朕以眇身。忝承宝祚。無聞徳化。屢見奸回。又疫癘荐臻。頻年不稔。傷物失所。如納深隍。其賊臣仲麻呂。外戚近臣。先朝所用。収勘委寄。更不猜疑。何期。苞蔵禍逆之意。而鴆毒潜行於天下。犯怒人神之心。而怨気感動於上玄。幸頼神霊護国。風雨助軍。不盈旬日。咸伏誅戮。今元悪已除。同帰遷善。洗滌旧穢。与物更新。宜改年号。以天平宝字九年為天平神護元年。(後略)	『続紀』
30	宝亀元年(七七〇)六月甲寅条	祭疫神於京師四隅。畿内十堺。	『続紀』
31	宝亀元年(七七〇)七月乙亥条	勅曰。朕荷負重任。履薄臨深。上不能先天奉時。下不能養民如子。常有慚徳。実无栄心。撤膳菲躬。日慎一日。禁殺之令立国。宥罪之典班朝。而猶疫気損生。変異驚物。永言疚懐。不知所措。唯有仏出世遺教応感。苦是必脱。災則能除。故仰彼覚風。払斯祲霧。謹於京内諸大小寺。始自今月十七日。七日之間。屈請緇徒。転読大般若経。因此。智恵之力忽壊邪嶺。慈悲之雲永覆普天。既往幽魂通上下以証覚。来今顕識及尊卑而同栄。宜令普告天下。断辛肉酒。各於当国諸寺奉読。国司・国師共知。検校所読経巻并僧尼数。附使奏上。其内外文武官属亦同此制。称朕意焉。	『続紀』
32	宝亀二年(七七一)三月壬戌条	令天下諸国祭疫神。	『続紀』
33	宝亀四年(七七三)七月癸未条	祭疫神於天下諸国。	『続紀』
34	宝亀五年(七七四)二月壬申条	一七日読経於天下諸国。攘疫気也。	『続紀』

35	宝亀五年（七七四）四月己卯条	勅曰。如聞。天下諸国。疾疫者衆。雖加医療。猶未平復。朕。君臨宇宙。子育黎元。興言念此。寤寐為労。其摩訶般若波羅蜜者。諸仏之母也。天子念之。則兵革災害。不入国中。庶人念之。則疾疫厲鬼。不入家内。思欲憑此慈悲。救彼短折。宜告天下諸国。不論男女老少。起坐行歩。咸令念誦摩訶般若波羅蜜。其文武百官。向朝赴曹道次之上。及公務之余。常必念誦。庶使陰陽叶序。寒温調気。国無疾疫之災。人遂天年之寿。普告遐邇。知朕意焉。	『続紀』
36	宝亀六年（七七五）六月甲申条	遣使。祭疫神於畿内諸国。	『続紀』
37	宝亀六年（七七五）八月癸未条	是日。祭疫神於五畿内。	『続紀』
38	宝亀八年（七七七）二月庚戌条	遣使。祭疫神於五畿内。	『続紀』
39	延暦元年（七八二）七月丙午条	詔曰。朕以不徳。臨馭寰区。憂万姓之未康。憫一物之失所。況復。去歳無稔。懸磬之室稍多。今年有疫。夭殍之徒不少。朕為民父母。撫育乖術。静言於此。還慙於懐。又顧彼有罪。責深在予。若非滌蕩。何令自新。宜可大赦天下。（後略）	『続紀』
40	延暦九年（七九〇）十一月己丑条	坂東諸国。頻属軍役。因以疫旱。詔。免今年田租。	『続紀』
41	延暦九年（七九〇）是歳条	是年秋冬。京畿男女年三十已下者。悉発豌豆瘡。〈俗云裳瘡。〉臥疾者多。其甚者死。天下諸国。往々而在。	『続紀』
42	延暦十年（七九一）五月乙丑条	天皇。以天下諸国頻苦旱疫。詔。停節宴。	『続紀』
43	延暦十年（七九一）九月甲戌条	断伊勢・尾張・近江・美濃・若狭・越前・紀伊等国百姓。殺牛用祭漢神。	『続紀』
44	延暦十五年（七九六）七月辛亥	詔曰。朕以眇身。忝承司牧。日旰忘食。憫一物之向隅。昧爽求衣。懼五行之紊序。比来。大宰府言。肥後国阿蘇郡山上有沼。其名曰神霊池。水旱経年。未嘗増減。而今無故涸減二十余丈。考之卜筮。事主旱疫。民之無辜。恐蒙其殃。方欲修徳施恵消妖拯民。其天下鰥寡惸独不能自存者。量加賑給。兼令毎寺三日斎戒読経悔過。庶憔隠之感。格於上天。霊応之徴。被於率土焉。	『後紀』
45	延暦二十四年（八〇五）七月壬辰	勅。如聞。疫癘之時。民庶相憚。不通水火。存心救療。何有死亡。父子至親。畏忌無近。隣里踈族。更復何言。亡者衆多。事在於此。宜喩所司。務存匍匐。若不遵改。随即科処。	『後紀』

また諸国国分寺で春秋に金剛般若経を読誦させている(70)。これらは、「怨魂・怨霊」となった早良親王霊に対し、皇太子の地位を剝奪され、不本意な死を遂げたことが原因と考え、その原因を除くことがめざされているものと捉えることができる。すなわち、早良親王が天皇となった状態を復原することによって、その怨魂は慰めることができると考えられているといえる。皇位を象徴するものとしての「クラ」、すなわち中央の「大蔵」と諸国の「正倉」とを、「小倉」というミニチュア的な形で復原し、そこに実際に租税を納入するというパフォーマンスを行うこと、また、天皇の事業としての一切経書写を行うことなどによって、実際に皇位についた天皇個人の状況を復原することで、祟りを鎮めることがめざされている。これは、この段階の怨霊がきわめて個性的な存在であり、その個性にあった個別的な対処法によってのみ鎮めることが可能な存在として認識されていたことを示している。また、この時期の怨霊は、全国的な疫病流行の原因として現れることはなく、個人の病の原因として現れていることも確認しておきたい。

天武系から天智系への皇統の転換という事態にあって、皇位を支えるものとして天命思想はきわめて大きな意味をもたされた一方で、鬼神の跳梁する空間は、病の認識の変化を通じて肥大化していったと考えることができる。病の原因が、天から与えられる災異としてだけではなく、疫気や怨霊のはたらきによると考えることが可能となったことで、陰陽師らによる占いが、出来事の性質を見極める重要な要素となっていったと考えられる。安殿親王の風病が早良親王の祟りであると見極めたのも陰陽師の占いであった(31)。以上のことが宝亀・延暦年間の特徴であろう。

2　九世紀における病への対処とその背景

前節で検討した延暦期までの状況を前提として、ここでは九世紀における病を含む災異に対する対処のあり方について検討したい。時期としては、承和から貞観年間を対象とすることとしたい。

承和年間以降、貞観年間までの天皇の病と対処法について整理したものが表3である。承和年間にいたると、天皇の病に対する対処法が、ほとんど仏教にもとづくもので占められるにいたるという変化を見出すことができる。基本は、七大寺における誦経である（1・3・4・6・7・8・11・12）。柏原山陵への読経・祈願もみられるが、それは陰陽寮の占いにもとづくものでこの時期には例外的である。仁明天皇の晩年の嘉祥年間には、御簾外・中での加持（18・19）や、延命法（18・26）・文殊八字法（24）・護摩法（26）・七仏薬師法（34）などの修法が行われ、また紫宸殿での大般若経転読（24・27）や清涼殿での法華経講説（25）なども行われている。また、七大寺をはじめ特定寺院での誦経（14・17・23・26・28・29・30）や諸寺における誦経（13・15・16・18・21・32）も頻繁に繰り返されている。この時期、天皇の身体が顕密の仏教により保護されるという関係が明確化してくるといえる。皇位それ自体は、天命思想によって支えられているが、天皇の身体は、顕密の仏教により護持されているという関係になろう。そのことが、仁明天皇が臨終に際して出家を行っていること（34）の背景になっているのではないかと考える。八世紀後半からの展開の上に位置づければ、天皇の病は、個性的な怨霊によってもたらされることが強く意識されていった結果、祟られる以前に天皇の身体が顕密の仏教によって未然に保護される体制がつくられてきたといえよう。

表3　承和年間以降、貞観年間までの天皇等の病と対処法

	年月日	人物	対処法	出典
1	承和四年(八三七)九月甲子	仁明天皇	七ヶ寺で誦経。	『続後紀』
2	承和四年(八三七)九月戊辰	仁明天皇	八幡大神宮に奉幣。	『続後紀』
3	承和五年(八三八)九月乙丑	仁明天皇	七大寺で誦経。	『続後紀』
4	承和六年(八三九)四月戊辰	仁明天皇	都下七寺で誦経。	『続後紀』
5	承和六年(八三九)八月癸丑	仁明天皇	太上天皇のために延暦寺で誦経。	『続後紀』
6	承和七年(八四〇)十月癸亥	仁明天皇	京下七寺で誦経。	『続後紀』
7	承和八年(八四一)十月庚午	仁明天皇	都下七寺と平城七大寺で誦経。	『続後紀』
8	承和八年(八四一)十月癸巳	仁明天皇	都下七寺で誦経。	『続後紀』
9	承和八年(八四一)十月乙未	仁明天皇	柏原御陵の祟りと占われ、読経奉仕。	『続後紀』
10	承和九年(八四二)七月丙午	嵯峨太上天皇	大赦。	『続後紀』
11	承和十二年(八四五)五月戊午	仁明天皇	七寺で誦経。	『続後紀』
12	承和十五年(八四八)五月乙丑	仁明天皇	七寺で同時に誦経。	『続後紀』
13	嘉祥元年(八四八)六月辛亥	仁明天皇	諸寺で誦経。	『続後紀』
14	嘉祥元年(八四八)十月庚子	仁明天皇	京城七箇寺で誦経。	『続後紀』
15	嘉祥二年(八四九)三月戊辰	仁明天皇	内竪を遣わし諸寺で誦経。	『続後紀』
16	嘉祥二年(八四九)六月丙子	仁明天皇	内竪七人を遣わし諸寺で誦経。	『続後紀』
17	嘉祥二年(八四九)十月癸卯	仁明天皇	太皇太后による京中飢民の賑恤。七大寺・梵釈寺・崇福寺・延暦寺での誦経。	『続後紀』
18	嘉祥三年(八五〇)二月甲寅	仁明天皇	遺制を受ける。諸寺誦経。鴨上下・松尾等名神に馬を奉納。鷹犬鳥の放生。梵釈寺で延命法を修す、それに伴い殺生禁断。御簾外での加持。十二大寺に続命幡を懸ける。	『続後紀』

19	嘉祥三年（八五〇）二月乙卯	仁明天皇	御簾中での加持。	『続後紀』
20	嘉祥三年（八五〇）二月丙辰	仁明天皇	柏原山陵に病平復を祈願。	『続後紀』
21	嘉祥三年（八五〇）二月戊午	仁明天皇	内竪を遣わし諸寺で誦経。	『続後紀』
22	嘉祥三年（八五〇）二月己未	仁明天皇	京中貧民に賑恤。	『続後紀』
23	嘉祥三年（八五〇）二月壬戌	仁明天皇	京辺七箇寺で誦経。	『続後紀』
24	嘉祥三年（八五〇）二月甲子	仁明天皇	紫宸殿で三箇日の大般若経転読。円仁、定心院十禅師らが仁寿殿で文殊八字法を修す。	『続後紀』
25	嘉祥三年（八五〇）二月辛未	仁明天皇	三論宗実敏・法相宗明詮・天台宗光定・総持門円鏡を座主と為し、清涼殿で三箇日の法華経講説。	『続後紀』
26	嘉祥三年（八五〇）二月丙子	仁明天皇	京城および平城の四十九寺で誦経。続命幡を懸け、三箇日延命の法を修す。豊楽院で真言宗が護摩法を修す。	『続後紀』
27	嘉祥三年（八五〇）三月癸未	仁明天皇	紫宸殿で百僧が三箇日大般若経転読。	『続後紀』
28	嘉祥三年（八五〇）三月丙戌	仁明天皇	百僧に度者各一人を施す。京畿内および近江・丹波国の一百寺で誦経。その一百寺に帝釈像を図画し安置する。	『続後紀』
29	嘉祥三年（八五〇）三月戊子	仁明天皇	京城七ヶ寺で誦経。	『続後紀』
30	嘉祥三年（八五〇）三月己丑	仁明天皇	道詮に永不殺生戒を受ける。百院の破壊寺を修理、十三大寺に誦経。	『続後紀』
31	嘉祥三年（八五〇）三月甲午	仁明天皇	名僧らによる持呪誓願。	『続後紀』
32	嘉祥三年（八五〇）三月乙未	仁明天皇	諸寺誦経。	『続後紀』
33	嘉祥三年（八五〇）三月丙申	仁明天皇	配流人和気朝臣斉之・讃岐朝臣永直の入京を聴し、余は近国に配す。豊後権守登美真人直名、紀伊守伴宿禰龍男は放免。	『続後紀』
34	嘉祥三年（八五〇）三月丁酉	仁明天皇	清涼殿で七仏薬師法を修す。紫宸殿南庭で新たに十人を度す。先に五百人を得度。天皇、出家する。清戒を誓受す。宗康親王・源朝臣多も同時に出家。	『続後紀』
35	天安二年（八五八）八月甲寅	文徳天皇	冷然院で大般若経読誦。固関使派遣。	『文徳実録』
36	貞観二年（八六〇）六月乙未	清和天皇	近京諸寺で転念功徳を修す。	『三代実録』

37	貞観二年（八六〇）八月癸未	皇太后藤原順子	二十人の得度。	『三代実録』
38	貞観十年（八六八）四月丁卯	清和天皇	近京十七箇寺で功徳を修す。	『三代実録』
39	貞観十年（八六八）四月庚辰	清和天皇	十箇寺で転念功徳。気多社で金剛般若経千巻読誦。	『三代実録』
40	貞観十六年（八七四）八月丙子	清和天皇	賀茂上下社へ奉幣祈禱（陰陽寮の占い）。	『三代実録』

一方、全国的な疫病流行についてはどうであろうか。承和年間以降における疫病流行に対する対処法は、大般若経を中心に金剛般若経、仁王般若経など般若経典の転読(32)と、諸国の国分寺等における最勝王経の講説や転読(33)、「昼転・金剛般若経、夜修・薬師悔過」(34)もしくは「昼転・経王、夜礼・観音」(35)の法会、息災増益法(36)や灌頂経法の修法(37)、名神への奉幣(38)、伊勢大神宮(39)・賀茂御祖社(40)・八幡大菩薩(41)等への奉幣祈禱、神功皇后・山科・柏原山陵への祈禱(42)、神社や諸寺の修造(43)、諸国の国境等における疫神祭祀(44)や大祓(45)、赦・賑恤・賑給・給復(46)、服御物や常膳の省減(47)などの徳政などからなっている。一見すると、八世紀以来みられた天皇の病や疫病の流行に対しての対処法と同じようにみえるが、その内容はどのように変化しているだろうか。

この時期に注目したいことは、神祇や御世御世の天皇霊の位置づけである。まず『続日本後紀』承和八年（八四一）五月壬申条の神功皇后の御陵への告文をみてみたい。

詔曰。天皇が詔旨に坐す。掛畏き神功皇后の御陵に申賜へと申く。頃者肥後国阿蘇郡に在る神灵池故無く四十丈涸減す。又伊豆国に地震之変有り。驚きながら問求れば。旱疫の災及び兵事有るべしとトへ申せり。此よりの外にも物恠亦多し。此に依りて左右に念行すに。挂畏き神功皇后の護賜ひ助賜むに依て。事無く有るべしと思食て。参議大和守従四位下正躬王を使に差して。奉出す状を聞食て。天皇朝廷を動無く大坐しめ。国家を平けく護賜ひ助賜へと。恐み恐みも申賜くと申す。

ここでは、阿蘇郡の神霊池の涸渇現象、伊豆国の地震に対する占いの結果が、旱疫と兵事を予告するものであったことにより、神功皇后の御陵に対して奉幣を行い、神功皇后の護り助けによって「事無く」あるべきことを祈っている。ここでは、疫病だけではなく、旱や兵事という災異も含めて、それが上天から与えられたものではなく、またそれ故に上天が感応して災異を消すことを求めるのではなく、神功皇后の御霊によって災異から未然に国土が保護されることが志向されていることがわかる。また、神祇の位置づけと関連して注意したいのが、『続日本後紀』承和元年（八三四）四月丙午条の、

疫癘頻発。疾苦稍多。仍令京城諸寺。為天神地祇。転読大般若経一部。金剛般若経十万巻。以攘災気也。

という記事である。ここでは、疫癘頻発という状況において、京城諸寺において、「天神地祇の為に」大般若経および金剛般若経が転読されて、災気を攘っている。経典転読の功徳を天神地祇に振り向けるという形で神祇と仏教とが関係していることが興味深い。伊勢神宮を中心に諸国名神に対する奉幣祈禱が行われる意味は、このような天神地祇のはたらきに対する期待にもとづくものであろう。

このような神祇の位置づけの延長線上に出現するのが神国思想であろう。『三代実録』貞観十二年（八七〇）二月十五日条には次のような記述がみられる。

勅遣従五位下行主殿権助大中臣朝臣国雄。奉幣八幡大菩薩宮。及香椎廟。宗像大神。甘南備神。

告文曰。天皇が詔旨に坐。掛畏き八幡大菩薩の広前に申賜へと申く。去年六月以来。大宰府度々言上たらく。新羅賊船二艘。筑前国那珂郡の荒津に到来て。豊前国の貢調船の絹綿を掠奪て逃退たり。又庁楼兵庫等上に大鳥之恠有るに依りて卜求に。隣国の兵革之事在るべしと卜申り。又肥後国に地震風水の災在て。舎宅悉仆顛せり。人民多流亡たり。此の如きの災古来未だ聞かずと故老等も申と言上たり。然間に陸奥国又異常なる地震之災言上たり。自余国々も又頗る件災有と言上たり。伝聞。彼新羅人は。我日本朝と久き世時より相敵ひ来たり。而今境内に入来て。調物を奪取て。懼憚之気无し。其意況を量るに。兵寇之萌此より生ずるか。我朝久軍旅無くして専警備を忘たり。兵乱之事尤慎恐るべし。然我日本朝は。所謂神明之国なり。神明之助護賜ば。何の兵寇か近来るべき。況掛も畏き大菩薩は。我朝の顕祖と御座て。食国の天下護賜ひ助賜ふ。然則他国異類の侮を加へ乱を致すべき事を。何聞食て驚賜ひ拒却け賜はず在む。故是従五位下行主殿権助大中臣朝臣国雄を使に差して奉出す。此状を平く聞食て。仮令時世の禍乱として。上件寇賊之事在べき物なりとも。掛畏き大菩薩。国内の諸神たちを唱導き賜ひて。未だ発向せざる之前に。沮拒排却賜へ。若賊謀已熟て兵船必来べく在ば。境内に入賜ずして。逐還漂没め賜ひて。我朝の神国と畏憚り来れる故実を澆たし失ひ賜ふな。此より之外に仮令として。夷俘の逆謀叛乱之事。中国の盗兵賊難之事。又水旱風雨之事。疫癘飢饉之事に至までに。国家の大禍。百姓の深憂と在るべからむをば。皆悉未然之外に払却銷滅し賜て。天下躁驚無く。国内平安に鎮護り救助賜ひ。皇御孫命の御体を常磐堅磐に天地日月と共に夜守昼守に護幸へ矜奉給へと。恐み恐みも申賜くと申。

ここでは、新羅賊船が豊前国の貢調船の絹綿を略奪して逃げた事件が中心で、それと大鳥の恠とを卜占したところ、隣国の兵革の事あるべしとの予告を得、それに肥後国や陸奥国での地震などが重なるという状況であった。それに対し八幡大菩薩に祈願を行うのであるが、その際、「我が日本朝は、所謂神明の国なり」としたうえで、八幡大菩薩に対し「国内の諸神たちを唱導」いて、寇賊が「未だ発向せざるの前に」それを排除すること、兵船が来た場合には、「境内に入れ賜わずして」漂没させることを求めている。また兵寇に限らず、夷俘の逆謀反乱、中国の盗兵賊難や水旱風雨・疫癘飢饉などの災異全般について、「未然の外に」打ち消すこと、それによって天下の無事と平安を護り、さらに御体を護ることが求められている。それには陰陽道による占いが大きな役割を果たし、承和年間以降、災異を未然に防ぐための修法や法会、神祇への奉幣、疫神祭祀が多くみられることとも関連している。

九世紀の前半には、疫病を含む災異について、天皇の不徳を上天が責めるという天命思想にもとづく対処法である徳政は、形式的には残るものの、その理解と対処法の本質は、八世紀中葉以降の亡魂や疫気や鬼神といったものが跳梁する思想空間へと重点が移行したものと捉えることができる。そこでは、仏教、天神地祇、御世御世の天皇霊によって護られる空間として国土が意識され、災異とはその国土に対する、「亡魂」や「鬼神」の侵犯として認識されるにいたったと考えることができる。それを未然に防ぐのが仏教や、天神地祇および御世御世の天皇霊の役割であった。このような国土観は、対外関係の緊張によって、より増幅されていく関係にあり、対新羅との緊張関係において、神国思想として表現を得るにいたったものと考えることができる。そして、その国土の中心に存在する天皇の身体は、顕密の仏教により常に保護される存在となった。

第四節　日本古代における王土王民思想の成立について

「溥天之下、莫レ非二王土一、率土之浜、莫レ非二王臣一」という天命思想にもとづく王土王臣思想は、日本古代においてどのように受け入れられ、その歴史的特徴をどのように捉えることができるであろうか。

王臣思想については、第三章において、浮浪人対策との関連で論及した。そこでは延暦期以降に部内浮宕を含む新たな浪人身分が形成されていくなかで、土人・浪人をともに包み込む概念として「一天之下、咸悉王臣」とする「王臣」思想が位置づけられたと考えた。

一方、王土思想については、七世紀後半の斉明朝に、仏教の須弥山世界をモチーフとして異民族饗応の際に可視的に表明されたことについては、第一節で言及した。その後、王土思想はどのように展開したのであろうか。ここでは、『日本霊異記』の言説に注目して考えてみたいと思う。

『日本霊異記』は、薬師寺の伝灯住位僧景戒によって編まれた仏教説話集で、弘仁年間（八一〇～八二四）の成立とされるが、その最終話である下―三十九縁の最後の部分で王土思想が述べられている。景戒は当時の天皇である嵯峨（神野親王）が伊予国神野郡の石鎚山の浄行禅師、寂仙菩薩の生まれかわりであることを述べた後に、次のように記している。

是を以ちて定めて知る、此れ聖の君なりといふことを。また何を以ちてか聖の君と知る。世俗云はく「国皇の法に、人を殺したる罪人は、かならず法に随ひて殺す。而れども是の天皇は、弘仁の年号を出して世に伝へ、殺すべき人を流罪と成して彼の命を活けて、人を治めたまふなり。是を以ちて聖の君なりといふことを知る」といふ。或る人誹謗りていはく「聖の君にあらず。何を以ちての故に。此の天皇の時に、天下に旱の厲有り。また天の災と地の妖と飢饉の難と繁く多有り。また鷹と犬とを養ひて鳥と猪と鹿とを取る。是れ慈悲ぶる心にあらず」といふ。是の儀然あらず。食す国の内の物は、みな国皇の物なり。針指すばかりの末だに、私の物かつて無し。国皇の随自在の儀なり。百姓といへども、あに誹らむや。また聖の君堯舜の世にすら、なほし旱の厲在り。故に誹るべからず。(48)

前半では、嵯峨天皇を、寛宥の仁政を行ったことによって聖の君となす見解と、嵯峨の治世に旱・天災・地変・飢饉が起こったこと、また殺生を行ったことから聖の君ではないとする見解とを併記する。そのうえで、景戒は、特に仏教思想に関わる誹謗、すなわち殺生について、「食す国の内の物は、みな国皇の物なり。針指すばかりの末だに、私の物かつて無し。国皇の随自在の儀なり。」と王土思想をもって反論している。そして天災については、「聖の君尭舜の世にすら、なほし旱の厲在り。」として一蹴している。このことから、景戒の王土思想は、天命思想にもとづくものではないことが理解できる。それ故、景戒は「食す国の内の物は、みな国皇の物なり。」という、皇孫思想にもとづく天皇観をもって、王土思想を説いたといえるであろう。

この景戒の王土思想を理解するためには、下巻の序で、末法思想が説かれていることに注意する必要がある。下巻の序では、「仏の涅槃したまひしより以来、延暦六年歳の丁卯に次るとしに迄るまでに、一千七百二十二年を逕たり。正と像との二を過ぎて、末法に入る。」とし、現在が末法であるとしたうえで、「既に末劫に入る。何ぞ仂めざらむ。噫矜言れ惻ぶ。那で劫の災を免れむ。ただし衆の僧に一摶の食を資施さば、善を修ふ福に当来の飢饉の災の苦に逢はず。一日の不殺の戒を頼持たば、道を行ふ力に末劫の刀兵の怨の害に値はず。」と述べている。景戒は、現在が末劫の時期にあたるとし、「劫の災」がもたらされるものと認識している。彼にとって災異とは、末法思想によって理解されているのである。それ故、飢饉や兵革という災いを除くためには、仏教的作善が求められるのである。そして、嵯峨天皇の代に災異が起きたとしても、それは天皇の徳・不徳に関わるものではないと明言しえた背景もここにある。

また、景戒の災異観については、下―三十八縁に注意する必要がある。それは、「善と悪との表相現れむとする時に、彼の善と厲との表相はまづ兼ねて物の形と作り、天下の国を周行きて歌咏ひて示す。時に天下の国の人彼の歌の音を聞きて咏を出して伝へ通ふなり。」とする観点から、孝謙天皇治世以降の歴史を振り返り、それぞれの出来事が起きる前に、それぞれに対応した歌咏が歌われていたことを述べていく。そして、それに続けて、景戒自身のこれまでの人生の節目を振り返り、その表相として夢があったことを述べ、また息子や馬の死の表相として狐が鳴いたことなどを述べる。そして、最後には、「是を以ちて当に知るべし、災の相まづ兼ねて表れ、後に其の実の災来り被るなり、と。然うして景戒、いまだ軒轅黄帝の陰陽の術を推ねず、いまだ天台智者の甚深の解を得ず。故に災を免るる由を知らずして、其の災を受く。災を除く術を推ねずして、滅ぶる愁を蒙る。勤めざるべからず、恐りざるべからず。」と結んでいる。災がもたらされる前にはその表相があり、それを見抜けるのが陰陽の術であり、また天台智者の甚深の解であると景戒は理解し、自分にはそれが不可能であると述べるのである。それは、当時の僧侶が幽界と顕界との調和を図る役割を担わされる存在であったことと大きく関わる思考であるといえよう。

景戒は、仏教の末法思想による災異観によって天命思想による災異観を相対化するとともに、幽界と顕界との調和を図るという当時の僧侶に担わされていた役割のなかに自己を位置づけていた。そのなかで、彼は自己と王権との関係を、説話集のなかの最後の文章で、王土思想によって表明したのである。その天皇観は、皇孫思想にもとづくものであった。また、出家者身分は、王臣概念で捉えることはできず、王権との関係を説明するためには、王臣概念よりも広い概念が必要であった。また、僧尼令の規範から逸脱した私度のような存在を含む民間の修行者の活動に積極的な意義を認める景戒としては、その存在の社会における正当性を説明する論理が必要であった。それが、皇孫思想にもとづく王土思想であったものと捉えることができる。右のことが、『日本霊異記』の最後に王土思想が語られた理由であったと思われる。

九世紀の初頭には、公民制に矛盾する浪人を含めた王権と俗人との関係を表現するものとして王臣思想が利用される一方、天命思想とは別の仏教的世界に奉仕する存在としての僧尼の世界をも含み込んで王権との関係を表現する上位概念として王土思想が僧尼の側から主張されていったと捉えることができる。それは、本来の天命思想にもとづく王土王臣思想そのものではなく、日本古代の独自の歴史に規定されたものであるという意味で王土王民思想と表現されてよいと考える。

前節において、九世紀の前半には、疫病を含む災異について、天皇の不徳を上天が責めるという天命思想にもとづく理解は形式化し、仏教、天神地祇の御霊、御世御世の天皇霊によって護られる空間としての国土に対する、「亡魂」や「鬼神」の侵犯として認識されるにいたったと考えることができることを指摘した。その事態は、神国思想のような国土意識を高揚させていくことになり、王土王民思想のなか、王土思想がより強く意識されていくことになったものと考えられる。承和年間以降、王土思想をめぐる言説はどのようにみえてくるであろうか。『三代実録』貞観五年（八六三）九月乙未条には、

以山城国愛宕郡道場一院預於定額。賜名禅林寺。先是。律師伝灯大法師位真紹申牒称。昔忝以愚曚貧道之質。厚蒙承和聖主之恩。不任慙愧之至。思致涓塵之効。行住坐臥。未曾廃忘。当于此時。至心発願。奉為聖皇。奉造毘盧遮那仏及四方仏像。奉報聖恩。護持国家。而毎事闕短。資具未備。唯採材木。未始鏤刻。爰逮于斉衡元年。於河内国観心山寺。僅奉造。三年之間。其功既畢。窃慮。山中寂寞。住持難久。至于後代。恐有頽毀。事須近移京華之辺垂。令易後代之修治。爰買故従五位下藤原朝臣関雄東山家。即便為寺家。造立一堂。安置五仏。夫僧買俗家者。律令之所制。私立道場者。格式之所禁也。犯此禁制。立彼道場。非是敢狎法禁。故招罪名。誠欲報先帝之鴻恩。果区々之至願。夫普天之下莫不王地。所作之功徳。皆悉資国王大臣。此則聖教之所明。非凡愚之私造。請預之定額。名為禅林寺。永伝真言法門秘要。師資相伝。存於不朽。　詔許之。

とある。真紹が、聖皇の奉為に、毘盧遮那仏および四方仏像を造り奉り、聖恩に報い奉り、国家を護持せんと発願し、斉衡元年（八五四）にいたって、河内国観心山寺において造像を終えた。しかし、

山中寂寞として住持しがたいことを恐れて、京華の辺垂に移転することとし、藤原朝臣関雄の山家を買得して堂を建て仏像を安置したという。しかし、僧が俗人の家を買得することは、律令で制しているることであるし、私に道場を建てることも格式の禁ずるところであると。それをあえて犯すのは、先帝の鴻恩に報いるためで、区々の至願を果たすためであるからそれを許してほしいというのであるが、そこで「夫普天之下莫レ不二王地一。所作之功徳。皆悉資二国王大臣一。」という王土思想が表明されているのである。ここでは、「王地」（王土）に存在すること自体が「国王大臣」との人格的な関係の根拠とされており、かつ律令を超える論理として王土思想が主張されていることが重要であると思う。九世紀初頭に景戒によって語られた王土思想は、一個人の見解を超えて、僧俗を含めた広範な交通の存在を前提とした、九世紀以降の支配体制におけるイデオロギーとしての位置を得るにいたったと考えることができる。そして、その王土は、仏教や天神地祇や御世御世の天皇霊によって護られる存在としても認識されたのである。

おわりに

本章での検討をまとめれば以下の通りとなる。

第一に、『日本書紀』おける大化の改新の記述の前提として、天皇の権威を決定づけるものとして天命思想が用いられ、その後、斉明朝において、王土思想が仏教の須弥山世界をモチーフとして異民族饗応の際に可視的に表明された。しかし、天武朝にいたると、須弥山世界で王土思想を表現することは放棄され、「飛鳥寺の西の槻の下」での饗応という、神マツリにもとづいた場で異民族饗応が行われるようになる。その背景には、「天地」という言葉が天命と天神地祇との媒介項とされ、天皇の願が神祇を媒介として上天と相感する関係にあると認識されたことがあると考える。その枠組みは、八世紀前半の天平期以前まで維持された。また、天武朝の変化の背景には、第一章で検討した、天皇による僧尼に対する身分的支配の実現があったと考えることができる。

第二に、天平期以降、上記の枠組みに変化がみられはじめる。それは、天命思想にもとづく世界とは別の、もう一つの感応する世界が見出されたことによる。それが仏教の世界であり、国分寺建立の詔では、金光明最勝王経にもとづいて四天王が守護する国土という形で表明され、大仏建立の詔では、蓮華蔵世界における盧舎那仏として意識される。そして、その世界に仕えた聖武は、出家をし譲位した。聖武の跡を継いだ孝謙は、皇位の究極的根拠としての天命思想を強調するが、出家をした身として重祚した称徳の治世にあっては、天命思想の回路を断つにいたる。そこでは、天命に代わるものとして、仏教の諸天と、天神地祇の御霊、御世御世の天皇霊のはたらきが期待される。そこで起きたのが、道鏡即位をめぐる宇佐八幡宮託宣事件であった。また同時に、「亡魂」や「鬼神」が跳梁する思想空間も生み出されることになった。皇統の危機の後を受けた光仁・桓武朝には、皇位を根拠づけるものとしての天命思想があらためて強く意識されるとともに、称徳朝に見出された仏教の諸天・天神地祇の御霊・御世御世の天皇霊、亡魂・鬼神らのはたらく思想空間に対して、僧侶の役割を期待するにいたった。

第三に、天皇の病と疫病流行における対処は、八世紀中頃までは基本的に天命思想にもとづく「災異」としての理解を前提としていた。しかし、八世紀半ば以降、天命思想と異なるもう一つの仏教の感応の世界の発見によって、仏教の諸天、天神地祇の御霊、御世御世の天皇霊のはたらきが期待されるとともに、亡魂や鬼神の跳梁する空間が措定されることになるが、「病」もその思想空間において理解されるようになる。それは病を「疫気」のはたらきとして認識するものであり、宝亀年間以降における怨霊への恐れや疫神祭祀は、その認識にもとづくものであった。さらに九世紀にいたると、天皇の身体は顕密の仏教により未然に保護され、疫病流行に対しても、天命思想にもとづく徳政による対処は形式的に残るものの、実際は、顕密の仏教および天神地祇、御世御世の天皇霊のはたらきによって未然に護られるものとして国土が意識されるにいたる。それを前提にして生まれてきたのが、神国思想であったと考えることができる。

第四に、俗人の場合、延暦から弘仁年間にかけて、自由な交通を認めたうえで、所在地において把握される体制へと変化していったが、それら土人と浪人を含めた存在を王権との関係で表現するものとして王臣思想が利用された。僧尼にあっては延暦期以降、僧尼令の規範から逸脱する存在が、畿内からまた寺や法会から排除されるという空間的社会編成がとられたが、そのような僧尼に対する社会編成を前提に、私度などの排除された存在を包摂して王権との関係を説明する論理として登場したのが王土思想であった。その王土思想が天命思想にもとづくものではなかったことを景戒の王土思想を素材として論証した。景戒の王土思想は、「食す国の内の物は、みな国皇の物なり。」とする皇孫思想をベースとするものであり、それ故災異についても、天帝によりもたらされるものとは捉えず、末法思想にもとづいて「劫の災」として理解されていた。

このように、八世紀以来の地域社会の動向を前提とした、律令国家による僧俗をめぐる社会編成の展開を前提として、九世紀前半において、日本独自の王土王民思想が形成されたものと考えることができる。村井章介氏によって承和年間をはじめとする対新羅の対外関係のあり方に注目して、王土王民思想の成立を考える見解が提出されている[49]が、それは、本書第一章から第三章にかけて述べた僧俗をめぐる社会編成の問題、および本章で検討した天命思想と仏教に関わる思想的展開を前提として捉えられるべきである。対外関係の緊張は、王土を侵犯する存在を異民族という形で具象化し、それによって王土意識が増幅され、神国思想のような表現が生み出されたという点において、独自の歴史的意義をもつものであるが、その史的前提をより重視したいと思う。

註

（1）早川庄八「律令国家・王朝国家における天皇」（『日本の社会史』第三巻、岩波書店、一九八七年）。また、八世紀初頭以前の天命思想の受容過程については、水谷千秋「古代天皇と天命思想――七世紀を中心として――」（『日本史研究』五二三号、二〇〇六年）によって分析されている。
（2）河内祥輔「王土王民思想と「皇民」」（『日本歴史』六三四号、二〇〇一年）。
（3）戸田芳実「中世箕面の形成」（『箕面市史』第一巻第二章第一節、一九六四年）。
（4）石井進「院政時代」（歴史学研究会・日本史研究会編『講座日本史』第二巻、東京大学出版会、一九七〇年）。
（5）河音能平「王土思想と神仏習合」（同『中世封建社会の首都と農村』東京大学出版会、一九八四年）。
（6）村井章介「王土王民思想と九世紀の転換」（『思想』八四七号、一九九五年）。
（7）『日本書紀』成務天皇四年二月朔条、欽明天皇二十三年六月条、推古天皇十二年四月戊辰条、大化二年四月壬午条。

(8) 『日本書紀』欽明天皇六年九月条。
(9) 『日本書紀』安閑天皇元年閏十二月壬午条。
(10) 『日本書紀』大化元年八月癸卯条。
(11) 『日本書紀』皇極天皇元年七月辛巳条。
(12) 『日本書紀』斉明天皇三年七月辛丑条。
(13) 『日本書紀』斉明天皇五年三月甲午条。
(14) 『日本書紀』斉明天皇六年五月是月条。
(15) 『日本書紀』天武天皇十年九月庚戌条に「饗多禰嶋人等于飛鳥寺西河辺。奏種々楽。」、天武天皇十一年七月戊午条に「饗隼人等於明日香寺西。発種々楽。仍賜レ禄各有レ差。道俗悉見之。」、持統天皇二年十二月丙申条に「饗蝦夷男女二百一十三人於飛鳥寺西槻下。仍授冠位、賜レ物各有レ差。」、持統天皇九年五月丁卯条に、「観隼人相撲於西槻下。」とみえている。
(16) 和田萃『飛鳥——歴史と風土を歩く——』（岩波新書、二〇〇三年）。
(17) 早川庄八、註(1)前掲論文。
(18) 『続日本紀』文武天皇元年八月庚辰条。以下、宣命体の史料については、読み下し文にて表記する。
(19) 『続日本紀』慶雲四年七月壬子条。
(20) 『続日本紀』霊亀元年九月庚辰条。
(21) 『続日本紀』養老元年十一月癸丑条。
(22) 『続日本紀』養老七年十月乙卯条。
(23) 『続日本紀』天平三年十二月乙未条。
(24) 『続日本紀』天平十三年三月乙巳条。
(25) 『続日本紀』天平十五年十月辛巳条。
(26) 聖武天皇の出家については、岸俊男「天皇と出家」（同編『日本の古代』第七巻、まつりごとの展開、中央公論社、一九八六年）、勝浦令子「聖武天皇出家攷——「三宝の奴と仕へ奉る天皇」と「太上天皇沙弥勝満」——」

（大隅和雄編『仏法の文化史』吉川弘文館、二〇〇三年）などがあるが、本稿では、天命思想と仏教との関係の視点から意義づけてみた。

（27）「種々収納銭注文」（『大日本古文書』二四―三一五頁）。

（28）『続日本紀』天平勝宝元年十一月己酉条、十二月戊寅条、丁亥条。

（29）八重樫直比古「宣命における「天」と「諸聖」」（源了圓・玉懸博之編『国家と宗教　日本思想史論集』思文閣出版、一九九二年）は、称徳天皇と「天」と「諸聖」などの諸神性とが一体のものであるとの考え方が抽出できるとしているが、一体のものとは捉えがたく、皇位の根拠を仏教的な世界に求める称徳の志向性の文脈のなかで捉えるべきであると考える。

（30）『日本紀略』延暦十九年七月己未条。

（31）『日本紀略』延暦十一年六月癸巳条。

（32）大般若経転読は、『続日本後紀』承和元年四月丙午条、承和二年四月丁丑条、承和三年八月辛酉条、承和五年四月甲午条、承和七年六月丁巳条、承和七年六月戊午条、『文徳天皇実録』仁寿三年三月壬子条、仁寿三年五月庚子条、斉衡三年五月庚戌条、『三代実録』貞観七年正月丙戌条にみえ、金剛般若経転読は、『続日本後紀』承和元年四月丙午条、承和七年六月戊午条、『文徳天皇実録』仁寿二年十二月丁亥条、『三代実録』貞観七年正月丙戌条、貞観七年二月壬戌条、貞観八年正月庚子条、同年二月庚戌・庚申・壬戌条、同年七月戊午条、貞観十一年三月辛酉条にみえ、仁王般若経の講説や転読は、『続日本後紀』承和十年正月丁酉条、『三代実録』貞観七年二月乙丑条、貞観九年正月丁卯条にみえている。また「般若」の転読が『続日本後紀』承和三年七月癸未条、承和六年閏正月丙午条、『三代実録』貞観六年十一月乙未条にみえ、般若心経読誦については、『続日本後紀』承和五年十一月辛酉条、『三代実録』貞観七年四月乙卯条、同年五月癸巳条、貞観八年二月庚戌・庚申・壬戌条、貞観十一年三月辛酉条、貞観十七年十一月甲子条にみえている。

（33）『三代実録』貞観五年三月丁丑条、貞観七年正月丙戌条。

（34）『続日本後紀』承和元年四月丙戌条、承和四年六月壬子条、承和九年三月庚戌条。また『三代実録』貞観十七年十二月壬戌条には「昼転金剛般若経。夜念薬師観音号。」とみえる。

(35)『続日本後紀』嘉祥二年二月庚戌条。
(36)『続日本後紀』承和三年五月丁未条。
(37)『続日本後紀』嘉祥三年五月丙申条。
(38)『続日本後紀』承和三年七月癸未条、嘉祥二年二月庚戌条、『三代実録』貞観五年三月丙寅条。
(39)『続日本後紀』承和八年六月辛酉条、承和九年六月戊辰条、『文徳天皇実録』仁寿三年四月庚午条、同年七月丁未条。
(40)『続日本後紀』承和八年六月辛酉条。
(41)八幡大菩薩への祈禱は『三代実録』貞観七年二月丙寅条にみえる。また『三代実録』貞観十五年十月丁酉条では、賀茂・松尾・平野・大原野社への祈禱が行われている。
(42)『続日本後紀』承和八年五月壬申条。また『三代実録』貞観七年二月己巳条では、同年月丙寅条にみえる八幡大菩薩への祈禱と同様のものが、山階・柏原・嵯峨・深草・田邑山陵に対しても行われている。
(43)『続日本後紀』承和七年四月戊辰条、承和八年五月己丑条、『三代実録』貞観元年七月丙寅条。
(44)『続日本後紀』承和元年四月丙戌条には「如有疫癘処。各於国界攘祭。」、承和四年六月癸丑条には「遣使山城。大和。河内。摂津。近江。伊賀。丹波等七国。鎮祭境界。以禦時気。」、承和六年閏正月丙午条には「令郷邑毎季敬祀疫神。」、承和九年三月庚戌条には「若有天行之処。国司到境下。令防祭疫神。精進斎戒。共禱豊稔。」、同年五月庚申条には「勅。近有物恠。卜食。疫気告咎。宜五畿内七道諸国及大宰府。敬祭疫神。以禦咎徴也。」とあり、また『三代実録』貞観九年正月丁卯条では「修鬼気祭。」とみえている。
(45)『三代実録』貞観五年正月庚寅条、貞観九年五月丁卯条、貞観十四年正月辛卯条。
(46)『続日本後紀』承和元年正月丙子条、承和二年八月甲戌条、同年十二月庚寅条、承和三年五月壬戌条、承和四年十月辛卯条、承和五年四月庚子条、承和七年二月辛未条、同年五月乙未条、同年六月庚申条、承和八年三月己亥条、承和十年三月甲寅条、『文徳天皇実録』仁寿元年六月丙午条、仁寿三年二月丁巳条、同年四月丙戌条、同年五月辛亥条、同年九月辛丑条、『三代実録』貞観三年八月戊午条、貞観四年七月己巳条、貞観五年二月甲寅条、貞観六年五月庚戌条、貞観七年二月壬戌条、同年八月乙丑条、貞観八年閏三月己未条、同年五月庚午条、同年六月甲午条、同年十月己卯条、貞観十二年八月乙酉条、同年十月癸卯条、貞観十五年十二月壬辰条、貞観十八年七月丙戌条。

(47)『続日本後紀』承和七年六月庚申・丙寅条。

(48)『日本霊異記』の引用は、新日本古典文学大系『日本霊異記』(岩波書店、一九九六年)による。

(49) 村井章介、註(6)前掲論文。

終章

最後に、本稿で述べてきたことを、今後の課題もまじえてまとめておくこととしたい。

まず、第一章から第三章において、七世紀から九世紀にかけての僧尼に対する国家の把握・編成のあり方の推移についての検討を行った。

単純化するならば、①天武朝以前の僧尼による自律的な寺院運営の段階。②天武朝における七衆による僧尼把握の成立および天皇が唯一の出家・受戒の許可主体となり、天皇による僧尼の身分的な支配が成立した段階と、それを前提とした僧尼令施行の段階。③神亀年間以降、八世紀後半までの大量得度人枠賜与の段階。④延暦期以降にみられる僧尼の空間的な社会編成の段階、というように整理することができる。

律令制にもとづく支配が実現していく過程で、①と②との間の矛盾が私度という形で現れてくるが、それが神亀年間以降の③の段階で、大量得度人枠の賜与という方法によって、すなわち天皇の恩恵により官僧の世界へ包摂されることによって埋められていったこと。それは、如法修行者を含めた僧尼の広域の交通を、王権が保障することをも意味したが、反面、俗人の交通については、懲罰的な浮浪人身分の設定による浮浪人策の施行によって、強く規制されていったこと。

そして、その矛盾が、八世紀後半の宝亀年間にいたって偽籍という形で表面化してくると、僧俗を含めて空間的な社会編成による把握へと移行すること。俗人については、部内浮宕を含めて、戸籍の記載に従わない者を寄住者としての浪人身分として把握する体制がとられ、僧尼については、僧尼令的秩序に従わない存在を、畿外へ、さらに寺や法会の場から排除するという方法がとられたことを明らかにした。ここに、僧俗を通じた自由な交通を前提とした、社会編成がとられることになった。

さらに、地域社会からの視点でみると、神亀年間以降の大量得度人枠の賜与の段階にいたって、私度が官僧の予備軍として、地域社会内で活動することがいわば当然のこととして受け入れられることになったものと想定できる。それは、『日本霊異記』における私度の位置づけの、天平期を境にする鋭角的な転換として表現されていた。

また、八世紀後半以降に空間的な社会編成がとられるにいたっては、私度が官僧の予備軍としてのみではなく、まさしく私度として、地域社会のなかで、俗人の生活様式に規定されつつ受容されていったものと考えることができる。そこでは、生業や蓄財を行いながら私度として存在する者などがみられるにいたる。

このような僧尼と私度との関係を前提に、官僧や優婆塞あるいは私度との交流が、広域の交通をともないつつ、地域社会において展開していくことになるが、八世紀の後半には、村落の「堂」が、その交流の場として成立してくる。

第五章で検討した、天命思想と仏教との関係や、王土王民思想が影響を与えるべき対象としての、地域社会の僧尼や私度をめぐるあり方は、右のようなものであったと考えることができる。

第五章では、天平期以降、「災異」等をめぐって、天命思想にもとづく世界とは別の、仏教的な世界が見出され、天命に代わるものとして、仏教の諸天と天神地祇の御霊、御世御世の天皇霊のはたらきが期待されるとともに、亡魂や鬼神が跳梁する思想的な空間が生み出されてくることになったことを説いた。それを前提に、光仁・桓武朝以降には、皇位を根拠づけるものとしての天命思想が強調される一方、亡魂や鬼神が跳梁する思想的な空間に対して僧侶の役割が期待されるにいたる。おそらく、このことが、九世紀以降に、密教が重要な位置をしめることになる史的前提であろうと思われる。

地域社会の視点からみれば、右のことは二つの意味において重要である。一つは、神仏習合の思想的前提として、いま一つは、後の式内社につながる国家による地域の神祇編成の側面においてである。

神仏習合については、第四章において、多度神宮寺の事例を引きつつ検討したが、天武朝以降、天命思想の枠組みにおいて、天帝と天皇とを媒介するものとして位置づけられていた天神地祇が、もう一つの感応の主体たる仏教的な世界が出現することによって、その位置に揺らぎが生じたこと。そして、八幡神が天神地祇を率いいざなって大仏建立を助けるとの託宣にみえるように、仏教的な世界に天神地祇が奉仕する存在であるとの位置づけがみられるようになることを背景にすると理解しやすい。それの具体的な表現が、神身を離脱し、仏教への帰依を願う地域神の出現であったと考えることができる。

また、九世紀にかけて、災異に対する認識も、天命思想にもとづくものから、亡魂や疫気や鬼神が跳梁する思想空間へと重点が移行する。それでは、仏教、天神地祇、御世御世の天皇霊によって護られる空間として国土が認識され、災異とはその国土に対する亡魂や鬼神の侵犯として捉えられるようになる。それ故、天神地祇にはそのような国土（神国）を未然に護る役割が要求されるようになる。その役割を期待して国家によって編成されていった神々が、八世紀後半以降、神階を授けられ、また後の『延喜式』神名帳によって把握されていった各地の有力神、式内社ではなかったかと考える。その点についての具体的な検討は、今後の課題とせざるをえないが、一つの見通しとして記しておきたい。

第四章では、村落や地域における神祇と仏教との関係についての考察を行った。主な素材を北陸の東大寺領庄園に関わる史料に求めたが、八世紀から九世紀における北陸の東大寺領庄園は、在地の神祇や仏教に関わる秩序に規定されて経営がすすめられていたといえる。東大寺が経営する庄園であれば、庄園の中核に仏教施設を設け、仏教的なイデオロギーを利用して経営を遂行することも予見されないではないが、そのようなことは行われなかったものと考える。

共通してみられるのは、庄園が占定された土地に関わる村落レベルの「社」に対する配慮である。村落レベルの「社」では、毎年その村落に関わる田地を耕営する共同体成員の確認の意味をもつ祭祀が行われていたものと想定できるが、各庄園では、占定当初はその土地の村落祭祀に包摂されて、また一円化して独自の経営を行うにいたっては、その「社」に奉神分として一定の供出を行うことで、在地の共同体との安定した関係の維持が図られていた。

また、豪族や貴族の墾田開発においては、村落レベルよりも上位の地域神に対する神田の設定がみられた。それは、開発地における広域の水利関係にもとづくものや、開発地に近く拠点をもつ在地豪族に対するものであり、在地の伝統的な豪族間の政治的な秩序に対する配慮として捉えることができる。それが、村落レベルよりも上位の地域神における関係として表現されているところに八世紀中頃の特徴がある。

そして、先に述べた、八世紀中頃以降に神仏習合がみられる神々や、また九世紀にかけて国土（神国）を護る役割を期待された神々とは、まさに、この在地の伝統的な豪族間の政治的な秩序を支えていた地域神に相当するものであったといえる。そのような地域神の位置づけの変化がもつ意味は、地域社会にとってきわめて重大なものであったのではないだろうか。

地域神をめぐる配慮が、開発地をめぐる広域の水利関係にもとづくものを含んでいたことを考えれば、地域神に表現される秩序が、地域における山野河海の領有をめぐる豪族間の政治的な秩序につながるものであったと想定することができよう。そのような地域神が、国家による神階による序列化をうけ、また国土を保全する役割を担わされるようになることは、豪族間の政治的な秩序がそれぞれの地域での独自の権力性を喪失していくことと表裏の関係にあると捉えることができる。

従来、このような動向は、在地首長制の矛盾や崩壊過程の問題として捉えられているものと思われる。しかし、田中禎昭氏の、在地社会の首長的秩序を論理的に措定し、そのなかに村落の位置を探るのではなく、人間の生活に根ざした基底的な部分での集団的諸関係・諸秩序を把握し、それを積み重ねることにより各段階での共同体・首長の位置を模索すべきであるとの古代村落史に関する提言(1)を念頭におくならば、この場合は、地域社会における生産関係や共同体のレベルより上位の政治的なレベルで問題化するのが妥当ではないかと考える。その政治的な秩序のレベルでの地域神の位置づけの変化と密接に関連したのが、地域社会における仏教の受容であったと思う。

仏教は、地域神の秩序に対し、神仏習合、あるいは、山岳寺院の展開という形で楔を打ち込んでいった。その仏教における、あるいは僧尼の位置づけに関わる国土観は、王土思想であった。王土思想にもとづいて、神祇の位置づけにも前述した国土（神国）を保護する役割が期待されたのであろう。その王土思想の展開の前提には、日本的な王土王民思想の成立があり、それをもたらしたのは、僧俗を通じた広範な交通の展開であったと想定することができる。神々の閉じられた秩序空間としての地域社会から、王土を前提とした開かれた地域社会へと転回していったのではないか。それを支える思想として仏教が存在したのではなかろうか。

また、共同体レベルの問題でいえば、神祇を通じた村落首長による支配が、個別経営の自立化傾向により構造的な再編を余儀なくされていき、その段階で共同体的な諸関係を確認する場として村落の「堂」が存在したという見解もみられる(2)。しかし、村落レベルの「社」において、神祇を通じた村落における生業をめぐる共同性の確認のあり方は、継続して存在していたのではないだろうか。村落の「堂」にみられるような地域内の仏教施設は、従来の地域秩序の枠を超えた僧俗の人的な交流の拠点として意味をもったが故に、従来の在地豪族間の地域神をめぐる政治的な秩序、すなわち地域における権力秩序の再編成が行われていく歴史的な前提としての意味をもったものと考えてみたい。

以上のことを前提に、今後の検討課題を二、三提示しておくこととする。

まず、従来の在地豪族間の地域神をめぐる政治的な秩序が独自の意味を喪失していった後、地域社会において、どのような権力秩序が構成されていったのかという問題を考える必要がある。王土王民思想の展開、あるいは僧俗の広範な交通の展開や仏教の受容といったことを前提にするならば、従来の秩序にとらわれない各地の歴史的・自然的な環境にもとづいた新たな権力編成が行われていったと想定することができるが、各地の地域的特色の把握を前提に、地域社会の中世への展開の問題として考えていく必要があろう。

さらに、山野河海における神祇と仏教との関係をより具体的に検討することである。特に山は、山岳寺院が展開する場であり、また山林修行者あるいは聖たちの活動の舞台でもある。本稿では、北陸の一事例を取り上げたにすぎず、各地の地方的な特色や、中世仏教への展開を視野にいれつつ、山野河海すなわち自然の領有の問題を念頭においた独自の検討が必要であると考える。

いま一つには、八世紀後半以降、地域社会における生活様式に応じた形で仏教が受容されていったことを説いたが、それを具体的に検討することである。地域内で存在するいわゆる私度が、寺院とどのような形で結びつき、また寺領庄園などの経営と、どのように関わっていったのかといった問題を追究してみる必要があろう。それは、中央と地方や、地域間の多様な交通の展開を視野にいれた形で追究する必要があるものと思われる。

註

(1)　田中禎昭「古代村落史研究の方法的課題」(『歴史評論』五三八号、一九九五年)。
(2)　宮瀧交二「日本古代の村落と開発」(『歴史学研究』六三八号、一九九二年)。

あとがき

私が、初めて歴史学と出逢ったのは、岡山大学での学部時代である。私の原点は、そこにある。真宗の寺に生を享けた者として、村落や地域といったもののもつ意味は重く、専攻した古代史においても、村落史を念頭におくこととなり、卒業論文を初期庄園関係の史料をもとにして書くこととなった。それ以来、古代村落を実態的に捉えたいという問題関心を持ち続けることとなる。修士課程から大谷大学に身を置くことになったが、自分なりに仏教史をどのように捉え、叙述したらいいのか、なかなか方向を見出せないまま、土地所有の問題や、浮浪人の問題など、村落史の観点からいくつかの論文を書くような状況が続いていた。そのようななかで、本書の第二章のもとになる論文は、初めて仏教史に関わるテーマで書いたものであり、私が仏教史がおもしろいと思って書けた最初の作品であった。ちょうど、その論文を掲載した雑誌が出版されたときに、この日本仏教史研究叢書という企画への執筆の機会を大桑斉先生からいただくこととなる。三百五十枚以上は必要だということであったので、書けるかな、とも思いつつ、一度仏教史に挑戦してみようと執筆のメンバーに加えていただけるようお願いしてみた。それ以後、私生活の面では、自坊で住職を継承するなど、いろいろなことがあったけれども、三年ほどかけてなんとかまとめたものが本書である。

本書が地域社会の視点から描く古代の仏教史というスタイルになった経緯は、右のようなことにあ浅学非才ゆえに、本書では、触れるべくして触れえなかった数多くの研究があり、失礼を重ねているものと思う。先学諸賢の忌憚のないご意見や御叱正を賜ることができれば望外の喜びである。

本書は、恩師の先生方、先輩・同輩などをはじめ、私がここにあることを支えてくださっている多くの方々の御縁によって初めてできたものである。一人一人お名前を記し感謝の意を表すのが通例であるとは思うけれども、右に述べたように、本書が私の仏教史の出発点となるものであり、やっとスタート地点に立ったことをしめすものであるので、そうしたことは、精進を重ねて、もう少し見通しのきいた歴史の叙述ができるようになってからにしたいと思う。しかし、学部時代以来、ご指導をいただき、大学院進学後は、仏教史を考えるように常にすすめてくださった吉田晶先生、本企画への執筆という形で、大変貴重な勉強の機会を与えていただいた大桑斉先生、また執筆の途中に、貴重な助言をいただいた中井真孝先生、日々の研究生活で幅広いテーマで思考する機会を与えていただいている佐々木令信先生には、心より御礼を申し上げたいと思う。

また、出版事情の悪いなか、出版の機会を与えていただいた法藏館社長西村七兵衛氏、編集部の上別府茂氏、辻本幸子氏に深く感謝するものである。

二〇〇六年九月

堅田　理

堅田　理（かたた　さだむ）
1965年福井県に生まれる。1988年岡山大学文学部卒業、1993年大谷大学大学院文学研究科博士後期課程満期退学。現在、大谷大学、華頂短期大学非常勤講師。
主な論文に、「日本古代村落についての一試論」（吉田晶編『日本古代の国家と村落』塙書房、1998年）、「墾田永年私財法と浮浪人」（『続日本紀研究』330号、2001年）等がある。

日本仏教史研究叢書
日本の古代社会と僧尼
二〇〇七年四月一〇日　初版第一刷発行
著　者　堅田　理
発行者　西村七兵衛
発行所　株式会社　法藏館
京都市下京区正面通烏丸東入
郵便番号　六〇〇-八一五三
電話　〇七五-三四三-〇〇三〇（編集）
〇七五-三四三-五六五六（営業）
印刷・製本　亜細亜印刷株式会社

ISBN978-4-8318-6036-1 C1321

日本仏教史研究叢書刊行にあたって

仏教は、普遍的真理を掲げてアジア大陸を横断し、東端の日本という列島にたどり着き、個別・特殊と遭遇して日本仏教として展開した。人びとはこの教えを受容し、変容を加え、新たに形成し展開して、ついには土着せしめた。この教えによって生死した列島の人々の歴史がある。それは文化・思想、さらに国家・政治・経済・社会に至るまで、歴史の全過程に深く関与した。その解明が日本仏教史研究であり、日本史研究の根幹をなす。

二十世紀末の世界史的変動は、一つの時代の終わりと、新たな時代の始まりを告げるものである。歴史学もまた新たな歴史像を構築しなければならない。終わろうとしている時代は、宗教からの人間の自立に拠点をおいていた。次の時代は、再び宗教が問題化される。そこから新しい日本仏教史研究が要請される。

新進気鋭の研究者が次々に生まれている。その斬新な視座からの新しい研究を世に問い、学界の新たな推進力となることを念願する。

二〇〇三年八月

日本仏教史研究叢書編集委員

赤松徹真　大桑　斉
児玉　識　平　雅行
竹貫元勝　中井真孝

日本仏教史研究叢書

【既刊】

京都の寺社と豊臣政権　伊藤真昭著　二八〇〇円

思想家としての「精神主義」　福島栄寿著　二八〇〇円

糞掃衣の研究　その歴史と聖性　松村薫子著　二八〇〇円

『遊心安楽道』と日本仏教　愛宕邦康著　二八〇〇円

【以下続刊】…書名・定価は変更されることがあります。

日本中世の宗教的世界観　江上琢成著　予二八〇〇円

中世びとの生活感覚と信仰世界　大喜直彦著　予二八〇〇円

近世民衆仏教論　平野寿則著　予二八〇〇円

中世園城寺とその門跡　酒井彰子著　予二八〇〇円

近世宗教世界における普遍と特殊　引野亨輔著　予二八〇〇円

価格税別

法　藏　館